掌尚文化

SALUTE & DISCOVERY

致敬与发现

贵州省社会科学院哲学社会科学创新工程学术精品出版项目

贵州省社会科学院甲秀文库·院省合作系列

贵州农村产业革命实践研究

贵州省社会科学院 / 编

任常青　郜亮亮　李登旺　王　宾 / 著

Research on the Practice of
Guizhou Rural Industrial
Revolution

经济管理出版社
ECONOMY & MANAGEMENT PUBLISHING HOUSE

图书在版编目（CIP）数据

贵州农村产业革命实践研究/ 任常青等著. —北京：经济管理出版社，2021.4
ISBN 978-7-5096-7625-7

Ⅰ. ①贵…　Ⅱ. ①任…　Ⅲ. ①农村经济发展—研究—贵州　Ⅳ. ①F327.73

中国版本图书馆 CIP 数据核字（2021）第 237190 号

组稿编辑：宋　娜
责任编辑：宋　娜　张鹤溶　王虹茜
责任印制：黄章平
责任校对：张晓燕

出版发行：经济管理出版社
　　　　　（北京市海淀区北蜂窝 8 号中雅大厦 A 座 11 层　100038）
网　　址：www. E-mp. com. cn
电　　话：（010）51915602
印　　刷：唐山昊达印刷有限公司
经　　销：新华书店
开　　本：710mm×1000mm /16
印　　张：14
字　　数：175 千字
版　　次：2021 年 4 月第 1 版　　2021 年 4 月第 1 次印刷
书　　号：ISBN 978-7-5096-7625-7
定　　价：98.00 元

课题组名单

课题组组长：

任常青 中国社会科学院农村发展研究所研究员、中国
社会科学院农村发展研究所农业农村现代化研
究中心主任

课题组成员：

郜亮亮 中国社会科学院农村发展研究所研究员、土地
经济研究室主任

王　宾 中国社会科学院农村发展研究所助理研究员

李登旺 中国社会科学院农村发展研究所助理研究员

贵州省社会科学院甲秀文库出版说明

近年来，贵州省社会科学院坚持"出学术精品、创知名智库"的高质量发展理念，资助出版了一批高质量的学术著作，在院内外产生了良好反响，提高了贵州省社会科学院的知名度和美誉度。经过几年的探索，现着力打造"甲秀文库"和"博士/博士后文库"两大品牌。

甲秀文库，得名于坐落在贵州省社会科学院旁的甲秀楼——一座取"科甲挺秀"之意的明代建筑。该文库主要收录院内科研工作者和战略合作单位的高质量成果，以及院举办的高端会议论文集等，分为创新工程系列、高端智库系列、院省合作系列等。每年根据成果质量、数量和经费情况，全额资助若干种著作出版。

在中国共产党成立100周年之际，我们定下这样的目标：再用10年左右的时间，将甲秀文库打造成为在省内外、在全国社科院系统具有较大知名度的学术品牌。

贵州省社会科学院

2021年1月

目 录
contents

第四章

农村产业革命的内容 ·· 87

第五章

农村产业革命的政策实践 ·································· 107

第一章

农村产业革命的内涵及理论基础

　　本章主要对贵州农村产业革命的内涵及相关的理论基础进行详细分析。贵州农村产业革命实践的起点是产业，因而，本章首先分析什么是一个产业，如何定义一个产业；然后分析什么是产业革命；农村产业革命的内涵和基本特征是什么。在厘清这些基本概念的基础上，从农村产业革命的最终目标——经济发展或者经济增长的角度入手，考察产业政策的意义，或者为什么需要产业政策，然后介绍经济发展或者经济增长的相关理论及重要概念；最后分析贵州农村产业革命"八要素"的经济学理论逻辑。

一、农村产业革命的内涵

（一）什么是产业

　　讨论农村产业革命，首先要明晰产业的定义。产业（Industry）是大家耳熟能详的概念，比如计算机产业、造纸产业、娱乐产业等，但理论上要把产业的定义说清楚具有一定的难度。至今，产业的定义仍有不同的版本。

　　马克思说："资本价值在它的流通阶段所采取的两种形式，是货币资本的形式和商品资本的形式；它属于生产阶段的形式，是生产资本的形式。在总循环过程中采取而又抛弃这些形式并在每一个形式中执行相应职能的资本，就是产业资本。这里所说的产业，包括任何按资本主义方式经营的生产部门。"[①] 张昆仑（2006）认为，马克思所言的

---

① 马克思. 资本论：第 2 卷 [M]. 北京：人民出版社，1975：63.

产业有三层含义：一是产业只限定在物质产品生产部门；二是产业是商品经济条件下的物质生产部门——因为它包含两个流通阶段；三是产业是资本主义商品经济条件下的物质生产部门。由此可以认定，马克思眼中的"产业"是狭义的产业。该定义的核心是把某种产业看成是某种生产部门。

罗宾逊（E. A. G. Robinson）认为产业是同一市场生产同一商品的一群生产单位（Firms）。但他又指出，在实际生活中，不同的生产者很少是生产"同一种货物"的。古典派学者将其理论建立在纯粹的竞争的假定上，认为产业是指一群为出售一种"同质的、划一的商品"而相互竞争的卖者。只要纯粹竞争的假定可以成立，只要商品的同质性或划一性不发生疑问，这种产业概念是完全合理而可以承认的。显然，这样的定义要以相同特征或者同类产品的清晰分类为前提。但实际上，这种清晰的划定在理论层面是无法做到的。因此，正如张培刚（2014）所发问的："我们能否调和理论上的逻辑一致性与经济社会的现实确切性？"他认为，既然在实际方面，产业的概念不仅可以成立，而且很有必要，如果我们承认"任何两个产业的相邻处有一定的误差范围存在"，这段误差范围是由于分类时发生了空隙或重叠而产生的，那么我们就有十足的理由来为产业下一定义，并且依照这一定义来将产业分类。[①]

因此，一种产业可以定义为生产一种同类商品的一群生产单位，此种商品的相同性为最大或者相异性为最小。各种不同产业的界线，可以依照市场的替代性或生产技术的标准来划分。我们建议不必过分纠结于理论逻辑上对所谓产品类别等分类的纯粹性。

---

① 张培刚. 农业与工业化［M］. 北京：中国人民大学出版社，2014：261-265.

（二）什么是产业革命

与本书所言的产业革命最为接近的概念是工业革命（The Industrial Revolution）。工业革命开始于 18 世纪 60 年代，一般认为它发源于英格兰中部地区，是指资本主义工业化的早期历程，即资本主义生产完成了从工场手工业向机器大工业过渡的阶段。工业革命是以机器取代人力，以大规模工厂化生产取代个体工场手工生产的一场生产与科技革命，① 最本质的特征是由一系列技术革命引起的从手工劳动向动力机器生产转变的重大飞跃。类似于工业革命中的"革命"含义，本书产业革命中的"革命"的含义意指巨变，或者重大飞跃，产业革命意指产业发生了根本改变。

产业发生的根本改变可能体现在技术层面、经济层面和社会层面。从技术层面看，产业革命主要在于发明和使用了能够加速生产和经常增加产量的方法，例如，纺织工业中的机械方法（特别是蒸汽机的使用）、冶金工业中的化学方法等；从经济层面看，产业革命的主要特点是资本的集中和大企业的形成，大企业的活动成为最普遍的形式；从社会层面看，产业革命取得了相当广泛、相当深远的影响，例如，可能是使一些新的群体产生或显性化。② 但需要特别强调的是，产业革命具有长期性、阶段性，是渐进的、不是突然的。

（三）贵州农村产业革命的内涵特征

为了厘清农村产业革命的内涵特征，需要对一些与之相近的理论

① 工业革命 [EB/OL]. [2019 - 10 - 16]. https: //baike. baidu. com/item/% E5% B7% A5%E4%B8%9A%E9%9D%A9%E5%91%BD/895? fromtitle = % E4% BA% A7% E4% B8% 9A% E9%9D%A9%E5%91%BD&fromid = 8415447&fr = aladdin.

② [法]芒图. 十八世纪产业革命：英国近代大工业初期的概况 [M]. 北京：商务印书馆，1983.

概念和事实现象进行梳理。需要特别强调的是，涉及的这些理论概念非常繁杂，即使从理论上也无法对这些概念进行科学的界定。因此，我们不会对这些理论概念进行深入的辨析，而是从相关概念中汲取最有用的元素以达到本书研究的目的。

1. 张培刚的农业与工业化

张培刚是发展经济学学科的奠基人，其经典著作《农业与工业化》（Agriculture and Industrialization）对农业国家的工业化等相关问题进行了基础性的理论研究，其中很多理论概念及论述对贵州农村产业革命具有重要的借鉴和指导意义。

第一，关于"工业化"。张培刚将"工业化（Industrialization）"定义为一系列基要的"生产函数"连续发生变化的过程。另外一种表述是，工业化是国民经济中一系列基要生产函数，或生产要素组合方式，连续发生由低级到高级的突破性变化的过程。这种变化可能最先发生于某一个生产单位的生产函数，然后再以一种支配的形态形成一种社会的生产函数而遍及整个社会。"基要的（Strategical）"生产函数的变化能引起并决定其他生产函数的变化，对于后者我们可以称为"被诱导的（Induced）"生产函数。

张培刚对基要的生产函数并没有进一步给出明确的定义，但强调从已经工业化的各国的经验来看，这种基要的生产函数的变化，最好是用交通运输、动力工业、机械工业、钢铁工业诸部门来说明。进一步地，如果将所有生产部门——制造业、采矿业及农业分为资本品（Capital-goods）工业及消费品（Consumption-goods）工业，那么基要的生产函数大都与资本品工业相关联。而差不多所有的农业经营，以及一部分制造工业如纺织工业、制鞋工业，都属于消费品工业范围，都受基要的生产函数的影响和控制。类似的，基要的（Strategical）创新（Innovation）——铁道的建立、钢制船舶的使用及运输的摩托化

（Motorization）、蒸汽引擎的广泛应用及动力工业的电气化在制造业及
农业机器上的发明和应用，展现了基要的创新是如何加强"工业化"
的过程的。而且，这些基要的创新或基要的生产函数的变化，更进一
步加强了伴随现代工厂制度、市场结构及银行制度之兴起而带来的
"组织上的"变化（Organizational changes）。这一切变化，都曾经对农
业及制造工业的生产结构产生了巨大的作用，因之曾经构成，而且将
继续构成工业化过程的主要特征。

张培刚强调他所言的"工业化"定义与一些学者（Paul M.
Sweezy）所言的工业化定义——即新工业的建立，或新生产方法的创
用本质上是一致的，即基要的生产函数连续发生变化的过程包括各种
随着企业机械化、建立新工业、开发新市场及开拓新领域而来的基本
变化。这在某种程度上也可以认为是"扩大利用（Widening）"资本
和"加深利用（Deepening）"资本的过程。这种过程可以提高每个工
人及每单位土地的生产力。

总之，张培刚认为，工业化是经济转变的一种最显著的现象。根
据不同的原则和标准，工业化的特征可以用各种方式来说明。如果着
重技术因素，工业化可以定义为一系列基要生产函数发生变动的过程。
若着重资本因素，则工业化也可定义为生产结构中资本广化和深化的
过程。若着重劳动因素，工业化更可定义为每人劳动生产率迅猛提高
的过程。所有这些特征合起来指明一件事——经济飞跃进步，其意思
就是以较小的人类劳动获得更多的物质利益这一目的的实现。

第二，农业工业化和农村工业化。张培刚强调他所言的"工业化"
包括农业的现代化和农村的工业化，不但要建设工业化的城市，同时
也要建设工业化的农村。要防止和克服那些惯常把"工业化"理解为
只单纯地发展制造工业，而不顾及甚至牺牲农业的观点和做法的片面

性。他指出，广义而言，农业只是许多"工业"① 的一种。农业这一生产部门，与其他产业相比，在性质上是"生长性的（Genetic）"，在生产阶段上是属于初级的。如前所言，产业的定义并没有那么容易，因为概念界定和分类时总存在"含糊范围（Range of Vagueness）"或"未决地带（Zone of Indeterminateness）"，毕竟经济学是一种"人文"科学或"社会"科学，却不能如大多数"纯粹"科学或"自然"科学那样精确，而且在经验和历史研究中不得不在某种程度上牺牲理论的完善性，以完成对当前经济现实的研究。因此，农业工业化和农村工业化是农业或者农村相关产业（乡村产业）受到基要生产函数的变化而发生的由低级到高级的突破性变化的过程。例如，农场机器、化学肥料，以及其他为现代耕种所必需的设备和工具，都必须由现代工业来提供。此外，还认为运输的改良、农场的合并、土地重新分配的法律规章是大规模农场组织得以实现的先决条件。

2. 农业产业化的相关讨论

20 世纪 90 年代，随着农产品流通体制改革的深入，农业领域的市场化实践逐渐增多，基于实践和理论，学界对"农业产业化"进行了深入讨论。典型代表是牛若峰等（1996、1997a、1997b、1998）的系列论述，他们对"农业产业化"的现实背景、内涵特征、外延形式、基础条件和发展思路等做了较为详细的阐述。

第一，"农业产业化"的本质是"农业产业一体化"。"农业产业化"是"农工贸一体化、产供销一条龙"经营的简称。当时，国际上把这一现象称为"农业一体化"（Agricultural Integration）。而社会上，特别是新闻界以及后来的政府文件都沿用"农业产业化"这一说法。但牛若峰（1997a）认为这种说法不妥，因为农业自身也是一个产业，

---

① 本质上讲，张培刚先生讲的"工业"是产业的含义，与上述"工业化"中的"工业"含义有所不同。

叫"农业产业化"存在同义反复之嫌。但是,这里"产业化"想要表达的意思是有道理的,即针对传统计划经济体制下农业产业被割裂,再生产各环节的内在联系被截断,"产业化"意在把人为截断了的产业链重新连结起来,构成涵盖全程的完整的产业链条。因此,他建议将"农业产业化"称为"农业产业一体化",即"以市场为导向,以加工企业为依托,以广大农户为基础,以科技服务为手段,通过将农业再生产过程的产前、产中、产后诸环节联结为一个完整的产业系统,实现种养加、产供销、农工贸一体化经营,是引导分散的农户小生产转变为社会化大生产的组织形式,系统内的非市场安排与系统外的市场机制相结合的资源配置方式,商品性农业自我积累、自我调节、自力发展的基本经营方式和建立在各参与主体共同利益基础上的经济共同体"。从"农业产业一体化"的内涵可以看到,关键是"龙头"带动,基础是"农户"参与,核心是利益驱动,最后各方形成了一个"风险共担、利益均沾"的经济共同体。牛若峰(1997b)强调,"在产业一体化经营条件下,农业再生产过程的各个环节都不能看作是孤立的存在,而应当从紧密相联的产业链条一体化上去理解"。实际上,"农业产业一体化"的提法与农业经济学理论和现实中所言的"农工商一体"① 或"农工贸一体"的概念是等同的(夏英、牛若峰,1996),它们在本质上都是"产供销一体化"②。

第二,"农业产业一体化"的基本特征。牛若峰(1997a)认为,概括起来,"农业产业一体化"有下面五个基本特征。①生产专业化。围绕某种商品生产,形成种养加、产供销、服务网络为一体的专业化

---

① 这里的"农"是指种植业、养殖业、微生物开发利用及其他特殊生产在内的"大农业";"工"是指以农副产品为原料的加工业;"商"是指与农产品运销有关的国内商业和对外贸易(牛若峰,1997b)。

② 这里的"产"是指初级产品的生产和成品制作;"供"是指生产资料供应和各种服务的提供;"销"是指农产品及其加工品的运销,包括收购、集货、储藏、运输、批零销售。这些环节纵向连接的链条构成一体化经营系统(牛若峰,1997b)。

生产系列，做到每个环节的专业化与产业一体化协同相结合，使每一种产品都将原料、初级产品、中间产品制作成为最终产品，以制成商品品牌形式进入市场。从而有利于提高产业链的整体效率和经济效益。① ②布局区域化。每个主导产业或生产系列，按照区域比较优势原则，设立专业化小区，按小区进行资源要素配置，安排商品生产基地布局。从而有利于充分发挥区域资源比较优势。② ③经营一体化。各有关环节联结成"龙"形产业链，实行"农工贸一体化、产供销一条龙"综合经营，使外部经济内部化，从而降低交易成本，提高农业的比较效益。有了有效的市场，在经营一体化、合作社和政府的协同作用下，不仅能够从总体上提高农业的比较效益，而且能够使参与一体化经营的小农户获得应得份额的交易利益。④服务社会化。通过一体化组织，不仅可以利用"龙头"企业的资金、技术和管理优势，而且还能够组织有关科技机构，对共同体内各个组成部分提供产前、产中、产后的信息、技术、经营、管理等全面的服务，促进各种要素直接、紧密、有效地结合。例如"龙头"企业对农户赊销生产资料，全程技术服务"四到门"的确把社会化服务落到了实处。⑤管理企业化。通过"公司+基地+农户""合作经济组织+农户"等联结方式，构成一体化联合体，采用合同契约制度、参股分红制度、全面经济核算制度，互补互利，自负盈亏，讲求效益，对全系统的营运和成本效益实行企业式管理，使"龙头"企业按照现代企业模式实行公司制度，以法人身份出现，带动农业产业经营企业化。在以小农户为主体的国家里，

---

① 作者解释到，历史告诉我们，区域性和经营单位的生产专业化，在促进经济增长方面起了巨大的作用。增长要求专业化，专业化要求由价格机制进行协调，而且，只有在个人对价格变化适当地作出反应时，这种协调才是有效的……随着数代人逐渐成为熟悉和运用市场的人，成为在谋略上有经验的人，情况就得到了改善（牛若峰，1997a）。

② 实践证明，即使在稳定家庭承包制前提下，实施农业产业经营一体化，按照资源优势做到种植业和养殖业区域化布局并非难事，只要这样做能使农民得到实实在在的经济利益，就能行得通（牛若峰，1997a）。

如果没有"龙头"企业或者农民联合自助性合作社去组织，讲农业经营一体化不过是一句空话。

第三，"农业产业一体化"发生的基本条件。夏英、牛若峰（1996）阐述了"农业产业一体化"的基础条件。他们基于欧美、日本等国家和地区的农业一体化发展实践，认为这些发达国家和地区的农业一体化发展是以其发展时代所具备的技术经济条件为前提的。同时，他们概括出农业产业化的基础条件包括：①发达的基础设施网络和高素质的人才队伍，这不但是经济快速增长的条件，也是实施农业产业一体化的最根本的基础性条件。②先进技术为一体化提供了可能。"二战"后，电子、动力、化学、机械等工业迅速发展，为农业专业化生产、一体化经营提供了必要的技术支撑。当时工业革命的发展，为西方农场进行专业化生产，进入生产的综合机械化和部门自动化阶段奠定基础。③社会经济发展为农业产业一体化创造了条件。农业产业一体化的发展除了具备有技术上的客观条件外，还离不开社会经济的基础。这就是说，在自由市场经济条件下，由于存在着社会生产的盲目性和市场的狭窄性，个体农民在市场上无立足之地，为了竞争，他们只有加入或组织某些经济组织，才能扩大经营规模，自己掌握在市场中的命运。而农业一体化不仅大大提高了农业的组织化程度，而且在一定程度上加强了企业内部的计划性，提高了联合企业内部的经济效率，有利于发展生产力，因而具备了自身生存发展的社会空间。

总之，当时学界所研究的"农业产业化"之所以能够产生和延续是因为当时的农业生产实践或者农业相关改革尊重市场、顺应市场，让市场选择"龙头"，让市场决定各方利益主体之前的"契约关系"，让市场决定"生产什么"等。

3. 山东潍坊的农业产业化的典型实践

山东省潍坊市在 20 世纪 90 年代初进行了一场后来被称为"农业

产业化"的深刻实践，对当时山东省其他地区以及全国其他地区形成了较大冲击，对今天贵州的农村产业革命依然具有重要借鉴意义。

第一，潍坊农业产业化的现实背景。从潍坊当时的实际情况看，党的十一届三中全会（1978 年 12 月 18 ~ 22 日）之后，潍坊的农村改革和发展也同全省、全国一样，取得了巨大成就和历史性的进步。但是，随着社会主义市场经济体制的逐步建立，一些深层次的矛盾日渐暴露出来，对抓住机遇，实现农业的超常规、跳跃式发展，对农业生产再上新台阶，已经或将要产生很大的影响和制约。

这些矛盾主要总结为五点：一是农民进入市场难。由于受长期计划经济体制和小农经济思想的影响，我们对商品经济规律的操作和运用，缺乏一套成熟、过硬的基本思路和做法，农村经济新的调控体系不健全，用于指导农业生产的市场信息滞后，再加上农民处于分散化经营状态，交通不便，信息不灵，对适应市场需求的生产技术掌握不够，带来了农业生产上的盲目性，使农民进入市场难。最直接、大量的、几乎年年存在的是"卖难"。因此，要发展农村社会主义市场经济，当务之急就是要建立一种机制，把市场的主体——农民领进市场。二是农业社会化服务单一、滞后、不配套。随着农村商品经济的发展，越来越多的农民已经由过去的以粮食生产为主转向粮、经并重，由以种植业为主转向农、林、牧、副、渔全面发展，由以农为主转向工、商、建、运、服综合经营，由"固守田园"转向更广阔的领域。但从社会化服务的情况来看，主要还是社区性的，服务形式和内容都比较单一。潍坊全市 2 万多个服务组织大都是在生产环节服务多，系列化服务少；在产前、产中服务多，产后服务少；在种植业服务多，其他各业服务少。据当时调查，全市农村中能够提供专业化服务的占比不到 10%，能够开展综合服务的只有 15%，而只能在几个生产环节上提供统一服务的却占 50%，依靠组织协调才能提供单项服务的也占到

20%以上。真正按照市场经济发展需要提供配套的社会化服务的极少。尤其是现代化的科技和信息方面的服务滞后，更是直接制约了农村专业分工和产业结构的调整。三是农业的比较效益低。这个问题在由计划经济向社会主义市场经济转变的初期，表现得尤为突出。一方面，农业生产发展了，农副产品产量增加了，低水平的结构性剩余少了，但由于我们的加工、销售跟不上，实现不了增值。另一方面，十几年来，农副产品的价格虽然有了很大提高，但工业品价格上扬更大。特别是1985年之后，农用生产资料价格飞涨，工农产品价格的剪刀差进一步拉大，农业百元物质投入创造的净产值，平均每年递减2.5%。据当时的典型调查，农民种一亩棉花，投入产出比为1：1.4，亩纯收入不足70元；种粮食的投入产出比稍高一点，亩纯收入也不足200元。还有一个原因，就是农产品的生产、加工、销售各环节收益反差太大，农产品产出后增值的利润大多流入了加工、销售环节。再加之部分单位打着服务的招牌，坑农、挖农，使农民负担加重，农民的生产费用增加了10%。这样，相对减少了农民收入，有的地方农民收入甚至出现了负增长，严重挫伤了农民的生产积极性。四是农业生产后劲不足。随着社会主义市场经济体制的建立，市场配置资源的基础性作用越来越大。在价值规律的作用下，农村的资金、技术、人才等生产要素迅速流向效益高的产业。这对于比较效益本来就低的种养业来说，是个很大的冲击。这样带来的问题是相对恶化了农业的经营条件，造成农业后劲乏力，长期下去势必动摇农业的基础地位，对整个国民经济的发展不利。五是大多数农产品生产规模小、质量差，国内外市场占有率低。长期以来，我们在农产品市场上基本依靠传统的耕作方式，经营传统的几大作物，品种更新换代慢，产品科技含量低，内在质量差。虽有资源优势和生产能力，但没有形成商品优势，多数打不进国际市场。

也有研究（人民日报社论，1995）把当时"农业产业化"的现实背景总结为"两个突出矛盾"：一是千家万户分散的生产经营方式和越来越连通一气的大市场之间如何衔接？二是农业的生产率比较低，农业生产的比较效益低，使农业在整个市场竞争中处于不利地位。在建设社会主义市场经济过程中，如何保护农业和发展农业？这一切都在呼唤着一种符合社会主义市场经济要求的能够整体推进农业和农村经济改革和发展的思路，使农业的生产经营通过龙头企业和配套服务与国内外市场联结在一起，走新型农业生产经营的路子。这是潍坊农业产业化诞生的发展背景。

第二，潍坊农业产业化的内涵特征。从潍坊的经验看，它是以国内外市场为导向，以提高经济效益为中心，对当地农业的支柱产业和主导产品，实行区域化布局、专业化生产、一体化经营、社会化服务、企业化管理，把产供销、贸工农、经科教紧密结合起来，形成"一条龙"的经营体制。实际上是按照建立社会主义市场经济体制的要求，全面地、系统地、从总体上组织、改造和提高农业和农村经济的战略思想和实际运作。简言之，改造传统的自给、半自给的农业和农村经济，使之和市场接轨，在家庭经营的基础上，逐步实现农业生产的专业化、商品化和社会化。①

在当时，潍坊人发现，他们面对的是两个"不能改变"。其一是家庭联产承包责任制，它是我国农村的基本政策，适应生产力发展水平，适应农业生产的特点，必须长期坚持。因此"千家万户"的状况不能改变。其二是随着社会主义市场经济的发展，农业生产面对的是"越来越大"的国内外市场，这个趋势也是不能改变的。在两个不能改变面前，农业产业化要做的工作，就是把两者连结起来。于是，寻找分散的农业生产与广阔的商品市场的最佳连结方式，成了潍坊人在农业

---

① 论农业产业化（社论）［M］. 人民日报，1995-12-11（001）.

生产领域里最主要的探索目标。①

连结的形式在潍坊丰富多样：①公司连结农户，如诸城外贸公司，覆盖了潍坊40个乡镇，仅诸城市23万农户就被它带动了18万户，其肉鸡出口量占全国出口日本总量的1/3。②市场连结农户，如中国第一的寿光蔬菜批发市场、江北第一大西瓜批发市场以及诸如此类、遍布全市的批发市场。寿光蔬菜批发市场内停满了外地牌照的汽车，在这儿没有买不到的菜，也没有卖不出去的菜。③协会连结农户，如诸城的后官庄绿宝蔬菜协会。它不仅向会员提供技术服务，还负责会员生产的农副产品销售。④行业连结农户，比如以"一乡一业""一村一品"为特征的行业连结。⑤最普遍的还是龙头企业的连结带动。寒亭区朱里镇的精品蔬菜加工厂，带动了该镇27个村，1.6万亩的蔬菜基地，占全镇土地的1/3。全潍坊市85%以上的农民被这些形式连结，种养有指导，生产有服务，销售有门路，价格有保护，通过这种连结，农民顺利地走向国内外市场。②

由于各地情况不同，农业产业化的具体方式和途径应该是多种多样的，就是潍坊一个地方，也存在着各种具体的方式方法。但归纳起来，构成农业产业化，必须具备如下六个要素：一要面向国内外大市场；二要立足于当地优势；三要实行专业化分工；四要形成经济规模；五要组织贸工农、产供销一体化；六要实行企业经营。这六个要素的有机结合，才可能把我国农业改造成能够与国内外大市场相衔接的产业。这中间，核心问题是如何把"千家万户"和"广阔市场"两者结合起来。在潍坊，无论是像寿光那样建立市场也好，像诸城那样发展龙头企业也好，像寒亭那样搞"一户一品""一村一品"也好，都首先是为了这两者的衔接。在这个连结和衔接过程中，农业得到了改造，

---

①② 艾丰，潘承凡. 造就一种新关系新格局——山东潍坊农业产业化述评之二 [N]. 人民日报，1995-12-13（002）.

企业得到了发展，工业、农业、商业得到了结合，当地农村经济顺利地进入了市场经济的大循环，这样，解决农业生产率低和比较效益低的问题才有了前提。[①]

第三，潍坊农业产业化的启示。从农村和农业经济发展长远观点来看，我们在农村的主要工作之一，就是增加农民收入。让农民致富的唯一途径，就是把农民带进市场，靠市场经济致富。[②] 具体来看有如下启示：一是农业产业化是一个连续发展的过程。我们现在所见到的农业产业化并不是平地而起的空中楼阁，也不是推倒别的东西另起炉灶的无本之木，它是我国农村和农业经济发展的继续。因此，在实施农业产业化过程中，必须注意继承以前农村和农业经济发展阶段中所创造的全部成功形式，并使它们有机结合，发展提高。二是农业产业化是一个发展总战略。因此，实现农业产业化的战术形式是可以多种式样的。不仅潍坊的农业产业化形式与其他地方不一样，就是同在潍坊地区，不同的乡镇也有不同的产业化组织类型。就龙头企业而论，可以是国有企业，也可以是集体企业、合资企业、私营企业、个体户。这里的带动能力很强的大江集团，就是私人企业。三是农业产业化是生产力发展的必然阶段，并不是某个人头脑发热捏合出来的。农业产业化包含着生产力的发展，也包含着生产关系的改变。在部署和实施农业产业化时，要把生产力放在首位来考虑。农业产业化的组织形式如何选择，主要是看它是否对发展生产力有利。四是在实现农业产业化过程中，必须坚持引进现代企业管理制度，无论是内部生产关系，还是外部商品交换关系，都要尽量做到法制化、规范化。潍坊人认为：法制化、规范化，依法照章办事，是最重要的一条。没有这一条，一切经济活动都将在混乱中停顿。在潍坊，龙头企业与农户签订的产销

---

① 论农业产业化（社论）[N]. 人民日报，1995-12-11（001）.
② 艾丰，潘承凡. 更广更深更实的思考——山东潍坊农业产业化述评之三 [N]. 人民日报，1995-12-14（002）.

合同履约率很高。根据潍坊诸城数据，1994 年履约率达到 98%。有一回诸城刮龙卷风，14 处鸡场、576 间鸡舍被摧毁，龙头企业照样按合同收购被砸死的鸡。五是实现农业产业化、发展乡镇企业、加快小城镇建设步伐，是关系农村改革与发展全局的三篇大文章，只有坚持"三篇文章"一起作，才能收到事半功倍的效果。潍坊的实践也已证明：农业产业化把产加销、贸工农、经科教连为一体，实现了整个农村结构乃至社会结构的进一步优化；乡镇企业为主导产业和重点产品充当龙头，同时又拉动了小城镇扩大规模，加快发展；小城镇建设不仅为乡镇企业的快速发展创造了基础条件，也为区域经济的发展发挥着带动辐射功能。"三篇文章"是一个有机整体，必须统筹兼顾、协调前进、配套发展。①

4. 农业现代化

舒尔茨（Schultz，1987）认为："发展中国家的经济成长，有赖于农业的迅速稳定增长，而传统农业不具备迅速稳定增长的能力，出路在于把传统农业改造为现代农业，即实现农业现代化。"但是，什么是农业现代化却是一直在争论的问题。"农业现代化"的定义由于发展阶段、所在区域、区域文化等不同而可能被赋予不同的内涵，因此界定起来也难以统一。例如，周洁红、黄祖辉（2002）表明，"由于社会生产力和科学技术发展水平的差异，农业现代化的内涵明显不同"，为此他们综述了 17 种"农业现代化"的内涵：比如，20 世纪 50 年代和60 年代时，"农业现代化"被概括为机械化、电气化、水利化和化学化；农业现代化是一个客观的经济范畴，它的特定涵义就是从古代、近代农业转化为机械化、科学化、社会化的现代化农业的历史过程；再如，所谓"农业现代化"就是要把农业建立在现代科学的基础上，

---

① 艾丰，潘承凡. 更广更深更实的思考——山东潍坊农业产业化述评之三 [N]. 人民日报，1995-12-14（002）.

用现代科学技术和现代工业来装备农业，用经济管理科学来管理农业，把传统农业变为具有当代世界水平的现代农业，即生产技术科学化、生产工具机械化、生产组织社会化、管理上的多样化，等等。可以肯定的是，正如习近平总书记强调的，"中国现代化离不开农业现代化，农业现代化关键在科技、在人才。要把发展农业科技放在更加突出的位置，大力推进农业机械化、智能化，给农业现代化插上科技的翅膀"。因此，农业现代化就是把各种先进的科学技术、生产方式、管理方式等全方位运用在农业上。这是一个过程，具有显著的阶段性特征。

5. 贵州农村产业革命的内涵和基本特征

根据上述相关理论概念、实践经验，结合贵州实际，贵州农村产业革命①是指农村产业（包括传统的农业和形态业态丰富多样的乡村产业）在生产规模、生产技术、组织方式、融合程度、市场品牌、经营管理等方面发生了系统性、革命性变化，这是一个发展的过程，最终形成农业农村现代化的局面。

具体而言，贵州农村产业革命有如下特征：第一，生产规模方面。通过扩大生产规模实现机械化和标准化生产，由此带来的产品量的增加更容易越过销售门槛，更便捷地接入市场。第二，生产技术方面，类似于工业化的思路，将先进的生产技术运用到农业生产和乡村产业发展上，即基要的生产函数变迁延伸到农业生产函数层面。这些技术包括化肥、农药、种子、机械和植保等方面。第三，组织方式方面，形成以"龙头企业+合作社+农户"为主要特征的生产组织方式，企业一头连着市场，一头连着农户（基地），企业为农户提供稳定的销售渠道，农户为企业提供稳定的货源，形成"风险共担、利益均沾"的一体化经营局面。第四，融合程度方面，实现农村一、二、三产业融合发展，农产品加工业发展迅速，农业观光旅游深入融合发展，农业比

---

① 下面行文中，除非特别说明，否则"产业革命"意指"农村产业革命"。

较效益得到显著提升。第五，市场品牌方面，产品有一定的市场，产品形成独有的品牌甚至区域品牌，具有较强的竞争力。第六，经营管理方面，利用先进理念和现代信息等技术进行产业的生产经营管理。

必须再次强调，产业以及农村产业的定义都具有阶段性和动态性，很难给出极其准确的定义。而贵州农村产业革命是由于市场在资源配置中起决定性作用而导致某个方面或者某几个方面发生了变化，进而引致该产业发生了根本性变革，对农村经济、农民收入和地区经济产生了深远影响。

二、农村产业革命的理论基础

贵州农村产业革命的实现少不了政府的推动，政府推动主要表现为产业政策，因此有必要对产业政策的意义加以分析。贵州农村产业革命的目标具体而言是农村经济发展，更一般地看是促进地区经济增长，甚至助力地区实现赶超和引领。因此，需要对经济发展理论或者经济增长理论进行简要梳理，厘清经济增长的决定性因素，为农村产业革命的相关产业政策提供依据，以取得更好效果。

本部分将具体从三个方面梳理相关理论概念：第一，在当前的制度框架下，不管从哪种角度看，贵州农村产业革命必然要以各种产业政策来加以推动，因此本节首先对产业政策的必要性进行讨论，进而对好的产业政策的条件进行了讨论，以对贵州农村产业革命的相关政策提供借鉴。第二，贵州农村产业革命相关政策的目标不外乎是贵州农村产业发展、农村经济发展、区域经济增长的目标。因此，制定相关政策如果能充分吸收已有经济增长理论的精髓就能保证改革沿着正确方向进行并起到事半功倍的效果。首先，对"大推动理论"和"经济发展的临界最小努力理论"等发展经济学理论进行简要介绍，以资对贵州当前发展阶段的农场产业革命政策提供思路。其次，对经济增长理论进行总体性和简要性的介绍，因为经济增长理论研究的问题——"解释不同国家或地区间人均收入差异并给出相关建议"与贵州农村产业革命要解决的问题高度一致。最后，更具体地对每个影响经济增长的因素的理论逻辑以及所需要的条件进行简要分析，从而为后续政策的着力点给予启示。这些因素包括：基础设施、资本（特别是物质资本，包括技术）、人力资本、企业家（精神）和制度。同时，由于贵州农村产业革命意味着贵州特有的农产品走向更大的市场，因而面临着特有的农产品或者服务在什么条件下才能够对外贸易的问题，这也正是国际贸易理论回答的问题。因此，对绝对优势理论、比较优势理论、要素禀赋理论、规模经济比较优势理论、先发优势和干中学等理论进行了简要介绍。由于贵州农村产业革命是贵州农业和农村产业走向现代化的过程，必然伴随着分工的深化以及分工所产生的条件，因此对经典的分工理论，分工的条件（某种程度的市场需求）以及分工后能顺利合作的条件（例如较低的协调成本）等进行了简要梳理。由于贵州农村产业革命必然会伴随着很大程度的产业集聚，因此对产业集聚理论进行了简要介绍。第三，本部分最后对贵州农村产业革命正在进行的"八要素"工作法进行了经济学理论阐释，这样能更好理解当前做法背后的经济学逻辑，也能为其得到改善提供思路。

（一）产业政策的意义

政府与市场的关系一直是经济学界争论的热点问题，其中一个关键问题就是产业政策的意义问题。关于产业政策有很多种定义，本书以林毅夫新结构经济学中的产业政策定义为基准进行分析。新结构经济学认为："凡是中央或地方政府为促进某种产业在该国或该地发展而有意识地采取的政策措施就是产业政策，包括关税和贸易保护政策，税收优惠，土地、信贷等补贴，工业园、出口加工区，R&D 中的科研补助，经营特许权，政府采购，强制规定（比如美国政府规定的在某个特定期限前汽油中必须包含多少比例的生物燃料）等。但不是每个产业政策都包含了这些措施，有的产业政策只涉及其中的一个，有的涉及两个或更多。只要针对特定产业会影响该产业发展的政策都叫产业政策。"① 而黄益平认为："所谓的产业政策，是指政府对特定产业的形成和发展所采取的政策干预，这种干预，既可以是各种形式的补贴，也可以是特定的行政与监管手段，总之是要帮助消除新兴产业发展的瓶颈。"②

　　学界对产业政策的必要性也进行了充分讨论。总体而言，以往文献主要从"市场失灵"的角度论证产业政策的必要性。如寇宗来强调的："这种论证的隐含假设是，'无形之手'是存在的，只不过难以发挥最佳作用。通常情况下此假设是合理的，但对于产业化初期的发展中国家而言，真正的问题可能不是无形之手不能有效发挥作用，而是根本就不存在无形之手发挥作用的产业主体。的确，对那些落后的农业国而言，产业化初期几乎是'什么都缺'，缺乏物质资本，缺乏人力资本，缺乏基础设施，缺乏有竞争力的企业，也缺乏支持产业发展的政府治理能力。在这种情况下，完全依靠'自发市场'来实现产业化，若非不可能，至少也是极其缓慢的。面对'什么都缺'的窘境，许多发展中国家都采取了'非平衡发展战略'，即将有限的资源集中到某些特定的产业或地区，以求获得快速产业化；日韩、中国等东亚经济体的成功实践也表明，产业政策或特区政策的确可以构成快速产业化的

　　① 林毅夫．产业政策与国家发展——新结构经济学的视角［M］//林毅夫，张军，王勇，寇宗来．产业政策：总结、反思与展望．北京：北京大学出版社，2018：3-15.
　　② 黄益平．怎样才算好的产业政策［M］//赵琳．中国产业政策变革．北京：中国财政经济出版社，2017：30-47.

强力推手。"①

即使产业政策有其存在的必要性，但我们认为"产业政策要慎用，要有一个度"②。而且，产业政策中应尽量避免以政府选择来代替市场机制。③或者，要实施"维护竞争市场过程"的竞争政策，以增进市场的协调功能和优胜劣汰机制的方式，推动产业的发展和产业结构的动态调整。比如，可考虑实施"市场友好型"的功能性产业政策：进一步完善环境保护的法律和制度，并使之行之有效；知识产权的保护；对基础性研究的支持，对于具有较强外部性的应用性研究以及具有重大影响的应用性研究提供资助；教育与专业人才培养（包括技术工人的培养）；行业信息、技术发展及趋势、经济运行信息的收集、整理、研究与发布，为行业信息交流和研讨提供公共平台。④

实际上，黄益平明确提出了"有效产业政策"的概念，并指出其必须满足的条件。⑤ 他认为："无论是学者还是官员，在考虑制定新的产业政策之前，都应该对过去的不成功的做法进行很好的总结和反思，提出一些切实有效的改进办法，把小概率事件变成大概率事件。那么产业政策这样做才能变得有效？"具体来说，需要满足如下五个条件：一是顺应市场。产业政策应该顺势而为，而不应逆水行舟。如果新兴产业不能符合比较优势或者不能解决市场的痛点，即便把产业建立起来了，也无法发展。当然，如何适当超前地选择符合比较优势的产业作为扶持对象，仍然是说起来容易、做起来难。二是不限制竞争。国

---

① 寇宗来. 从共识出发："特惠"视角下产业政策的关键问题 [M] //林毅夫，张军，王勇，寇宗来. 产业政策：总结、反思与展望. 北京：北京大学出版社，2018：58-70.

② 田国强. 有限政府，有为政府？[M] //赵琳. 中国产业政策变革. 北京：中国财政经济出版社，2017.

③④ 江飞涛，李晓萍. 直接干预市场与限制竞争——中国产业政策的取向与根本缺陷 [M] //林毅夫，张军，王勇，寇宗来. 产业政策：总结、反思与展望. 北京：北京大学出版社，2018：117-135.

⑤ 黄益平. 怎样才算好的产业政策 [M] //赵琳. 中国产业政策变革. 北京：中国财政经济出版社，2017：30-47.

家扶持的是特定的产业，而不应是特定的企业，政府补贴某一个创新环节，应该让任何做得好的企业都有机会获得。更重要的是，这些企业仍然应该在同一个市场上公平竞争，优胜劣汰。三是谨慎干预。干预的目的只有一个，就是消解产业形成和发展的瓶颈。政府干预一个产业的手段有很多，可以选择补贴，也可以选择管理准入门槛，补贴也可以选择不同的环节。如何补贴是一个有难度的问题。四是要有退出机制。产业政策是临时帮助新兴产业形成的，不是长期支持它们发展的。很多国家的"幼稚产业"一直成长不起来，就是因为政府把这些重点企业保护了起来。保护政策一直不退出，这些所谓的"创新企业"也就变成了一个特殊的利益群体，只是想着依靠国家政策讨生活，哪里还会有创新的动力和能力？所以，在制定任何一个产业政策的时候，都必须同时设计一个退出机制。五是做事后评估。要执行产业政策，首先应该设立评估制度，特别是请第三方机构对每一项产业政策的效果做独立评估。决策官员必须承担相应的责任。

总之，贵州农村产业革命必然要涉及政府作用，政府主要通过出台相关产业政策来进行推动。我们想强调的是，制定这些政策需要坚持的一个重要原则是，必须让这些政策顺应市场、尊重市场、让市场更好发挥作用，否则政策的效果不会带来预期的结果，农村产业革命也不可能成功。

（二）经济发展的相关理论

产业政策的目标无非是促进经济发展，实现经济增长。贵州农村产业革命也是通过农村产业的起飞，实现农民收入增加、农村区域发展，甚至为贵州现代化经济体系注入新动能，实现贵州经济的赶超和引领等目标。从这个角度讲，与其说是产业政策，不如说是经济发展政策，或者经济增长政策。实际上，正如张五常（2014）所提到的，

"经济发展学（Economic Development）是二战后的一门新学问，20世纪50~60年代在美国很热门……到60年代后期就不再风行了。取而代之的是经济增长理论（Growth Theory）"①。因此，贵州农村产业革命过程中制定的相关政策不但要遵循上述顺应市场的原则，还要对经济发展或者经济增长理论有相当把握，以使这些政策的着力点更精准，更好地刺激经济发展。需要强调的是，下面这些理论不是彼此独立的，而是相互联系和影响的。

1. 几种典型的经济发展理论

罗森斯坦-罗丹"大推动"理论。大推动理论（The Theory of The Big-push）是均衡发展理论中具有代表性的理论，它是英国著名的发展经济学家罗森斯坦-罗丹（P. N. Rosenstein-Rodan）于1943年在《东欧和东南欧国家工业化的若干问题》一文中提出来的。该理论在经济学的发展史上名噪一时，该理论的核心是在发展中国家或地区对国民经济的各个部门同时进行大规模投资，以促进这些部门的平均增长，从而推动整个国民经济的高速增长和全面发展。② 该理论认为，发展中国家由于收入水平较低使得市场需求量很小，这种市场规模狭小很大程度上限制了现代化大工厂的建立，缺乏外部经济使有投资能力的企业也无法发展，这成为经济落后的主要原因。为此，"大推动理论"强调要实现工业化，只有全面地、大规模地投入资本——有效克服生产函数、投资需求和储蓄供给三者的"不可分性（Indivisibility）"给经济发展设置的障碍，才能有效地带来外部经济。为了实施"大推动战略"，该理论建议：一是政府要为"大推动"制定全面的计划经济措施；二是要从国内国外获得资金（陈郁，1987）。

经济发展的"临界最小努力"理论。"临界最小努力"理论（The

---

① 转引自张培刚. 农业与工业化 [M]. 北京：中国人民大学出版社，2014.
② 大推动理论 [EB/OL]. [2019-10-16]. https：//baike. baidu. com/item/%E5%A4%A7%E6%8E%A8%E5%8A%A8%E7%90%86%E8%AE%BA/9033323？fr=aladdin.

Theory of Cirtical Minimum Effect）是美国经济学家利本斯坦（Harvey Leeibenstein）于1957年提出的，解释发展中国家经济发展过程和发展机制的一个分析模型。① 该理论以"贫穷恶性循环论"和"低收入均衡陷阱论"为分析的起点，深入阐述了发展中国家落后、发展慢的原因，并力图为落后经济的成长起飞提供发展思路。该理论侧重于从需求方面分析发展中国家的落后状况，发展中国家的低人均收入水平使人民的购买力不足，购买力有限又使市场规模狭窄、投资引诱不强；投入的生产资本不多，生产率必然低下，结果又导致收入水平低下，这样就形成了一个循环（金祥荣，1987）。进一步地，该理论分析了临界最小努力的决定因素，利本斯坦指出，为了克服各生产要素经济技术上的不可分割性引起的规模内在不经济，特别是在中小国家，企业为了取得相当的效率，就必须维持一个超过最低限度的经济规模，投资也必须保持一个最低限度，才能使企业在内在经济中从事经营活动；如果要获得各产业间相互依存的外在经济，就意味着一个产业的存在，要求所有产业同时存在；而且，影响经济发展的环境方面，例如基础设施的投资也很必要。利本斯坦认为，一些文化及制度上所决定的非经济因素，例如追求利润和获得最大货币收入的欲望、敢于承担风险的意愿等非经济层次的环境也很重要。最后是成长活动的扩增。成长活动是由成长的动因或动机、诱因激发而成的，除了储蓄与投资这些直接的活动外，企业家功能、发明与革新、技术力量等对经济增长会发生重大作用。特别是企业家功能和素质的强弱与否，是落后经济能否起飞的重要条件之一（金祥荣，1987）。

2. 经济增长理论概要

经济增长理论主要研究不同国家经济表现的差异，特别是对不同

---

① 临界最小努力 ［EB/OL］. ［2019 - 10 - 16］. https：//baike. baidu. com/item/% E4% B8%B4%E7%95%8C%E6%9C%80%E5%B0%8F%E5%8A%AA%E5%8A%9B/1757675? fr= aladdin.

国家的人均收入和劳均产出之间的差异进行原因分析。因此，形成了十分丰富的经济增长理论。总体而言，这些理论关注的第一个层次问题是对于经济增长相关的因素，诸如物质资本、人力资本和技术的研究。阿西莫格鲁（Acemoglu）认为这些因素只能算是经济增长和成功的直接原因。仅用技术、物质资本和人力资本解释经济增长过程和跨国收入差异并不全面，因为可能还存在着引起技术、物质资本和人力资本跨国差异的原因。如果这些因素对于导致跨国收入差异和促成一国经济"起飞"并迈入现代经济增长通道是如此重要，那么为什么有些国家或地区却未能成功地提升其技术、增加实物投资并积累人力资本呢？阿西莫格鲁（Acemoglu）将这些导致不同社会做出不同技术选择和资本积累选择的潜在影响因素称为关于经济增长的根本原因。而且，阿西莫格鲁（Acemoglu）认为主要有以下四类根本原因：一是运气（或多重均衡），这使那些有着相同机会、偏好和市场结构的社会走上了不同的增长道路；二是地理差异，它们能够影响个体生存环境、农业生产效率、自然资源的可得性以及对个人行为或个人态度的某种约束；三是制度差异，这些差异能够影响法律和规则，而个人和企业又在这些法律和规则之下运行，并形成资本积累、投资和贸易行为方面的激励；四是文化差异，它们能够决定个人价值、偏好和信仰。①

3. 基础设施与经济增长

基础设施对经济增长的重要作用几乎得到了所有经济学研究的认可。总体而言，从经济学理论上讲，基础设施对经济发展的促进作用至少有两个渠道：一是基础设施本身作为一项投资而带来的增长效应。根据凯恩斯理论，政府的基础设施投资是政府支出的重要组成部分，其不但能引起经济总产出的直接增加，还会通过"乘数效应"影响资

---

① ［美］达龙·阿西莫格鲁. 现代经济增长导论：上册 ［M］. 唐志军等译. 北京：中信出版社，2019：3-21.

本积累。因此，在20世纪40年代，发展经济学开始关注基础设施建设对资本积累的重要性，视其为经济发展的前提条件（李平等，2011）。更进一步地，张培刚（2014）特别强调"交通运输和能源动力这样一类基础设施和基础工业的重要性，并把它们称为工业化的'先行官'"①。内生经济增长理论则强调基础设施投资活动的外部性，即基础设施的公共品性质使其对私人资本具有溢出效应：基础设施完善了投资环境，如"润滑剂"一样减少要素流动时的摩擦力，进而促进全要素生产率的提高；基础设施扩大了市场范围，使原先闭塞的生产单位能够与外在的市场连接起来，从而如斯密强调的促进了生产分工，最终刺激经济发展。二是基础设施具有明显的福利效应。基础设施落后是导致贫困的重要原因，也是无法让市场发挥作用的根本原因，基础设施作为最终消费品是影响一国或地区社会福利和居民实际收入水平及生活质量的重要因素。很多研究表明，基础设施质量的提升明显改善了居民的健康状况及受教育水平。新经济地理学认为，基础设施水平影响劳动力流动及企业选址，地区倾斜性基础设施建设是缩小区域间发展不平衡的重要政策性工具，是区域间经济增长和生产力趋同的重要决定因素（李平等，2011）。

4. 资本与经济增长

几乎所有的经济增长模型中都包括资本这个要素，即都把资本（物质资本以及人力资本）看成是经济增长的源泉。例如，索罗模型强调，要理解经济增长，就首先要理解资本的积累和技术进步。特别是在古典经济学家当中，除斯密认为资本积累和劳动分工是经济增长的两大动力外，李嘉图和穆勒等人更着重强调资本积累是经济增长的主要推动力。特别是发展经济学家，他们在寻求发展中国家贫困的原因和摆脱贫困的出路时，如前面的大推动理论等都认为要摆脱贫困、实

---

① 张培刚. 农业与工业化 [M]. 北京：中国人民大学出版社，2014：36.

现经济增长，就必须大幅度提高投资率，从而不可避免地凸显出经济增长"唯资本论"的特点。而后期的以罗默、卢卡斯等为代表的内生经济增长理论更强调技术进步、人力资本对经济增长的重要作用（赵志耘，2007）。当然，现代社会的经济增长过程中，资本积累与技术进步很可能是相互融合的，存在着不可分割的联系。其实，马克思很早就认识到了这一点，他创造性地提出了资本有机构成（即由资本的技术构成决定并反映技术构成变化的资本价值构成）范畴。当然，索罗最为直接地研究了资本积累与技术进步是相互融合的关系，他明确提出了"资本体现的技术进步"这一概念（赵志耘，2007）。实际上，经济学理论对技术在经济增长中的积极作用进行了非常广泛的论述和认可。

5. 人力资本与经济增长

人力资本是一个专业术语，用来表示劳动力中包含的技术、教育、能力，以及其他有助于提高生产率的各种特征的存量。换句话说，人力资本指的是蕴含于原始劳动时间中的有效劳动供给。[①] "人力资本"这个词源于如下观察，即个人对自身进行技术、技能以及赚钱能力的投资，就像企业通过物质资本投资以提高生产率一样。西奥多·舒尔茨（Theodore Schultz）、雅各布·明赛尔（Jacob Mincer）和加里·贝克尔（Gary Becker）的开创性研究将人力资本这个概念推至经济学研究的前沿。正如舒尔茨（2017）所言，"土地本身并不是使人贫穷的主要因素，人的能力和素质则是决定贫富的关键。也就是说，旨在提高人口质量的投资能够极大地有利于经济繁荣并增加穷人的福利。对儿童的关怀照顾、在家务及职业方面的经验、通过学校教育获得知识和技能以及其他在健康和教育方面的投资，都可以提高人口质量"[②]。经

---

① ［美］达龙·阿西莫格鲁. 现代经济增长导论：上册 ［M］. 唐志军等译. 北京：中信出版社，2019：93.

② ［美］西奥多·舒尔茨. 对人进行投资 ［M］. 北京：商务印书馆，2017：14.

济学的研究证实了人力资本尤其是教育对经济的重要作用。贝克尔
(2018)① 指出，"很少有国家可以不对人力资本进行大量投资就实现经
济的持续发展，而且大量试图对经济增长的贡献因素进行定量评估的
研究都证实了人力资本投资的重要作用"。而且，教育和培训是最重要
的人力资本投资。"日本和其他亚洲经济体的杰出经济记录明显说明人
力资本对经济增长的重要性。它们缺乏自然资源，例如，它们所有的
能源资源几乎全部进口，这些所谓的'亚洲四小龙'依靠训练有素、
教育良好、工作努力并且认真尽责的劳动者迅速发展。农业给人力资
本和科技之间的联系带来了令人信服的证据。相对传统农业而言，现
代农民必须与杂交、育种方法、化肥、复杂装备以及复杂的大宗商品
期货市场打交道。教育因其有助于农民更快地适应新的作物杂交方式
以及其他新技术而变得十分重要"②。

6. 企业家与经济增长

经典增长理论认为土地、劳动力和资本是经济增长的基本要素。
他们认为土地是不可再生的自然资源，因此，决定增长的只是劳动和
资本的积累。但是，增长理论只是关注促成增长的因素，却很少研究
隐藏在增长要素背后的原动力是什么。熊彼特第一次从理论上研究了
这个问题，他认为隐藏在经济增长要素背后的"国王"就是企业家
（张维迎，1984）。"企业家"这个词语是18世纪Richard在其《一般
商业之性质》一书中提出来的，他将商人、农民、手工艺者等从事经
济活动的人都称为企业家（鲁传一、李子奈，2000）。之后，马歇尔
在《经济学原理》中指出，企业家是企业组织的领导协调者、中间商、
创新者和不确定性承担者，他把"企业家才能"作为除了土地、资本

---

① ［美］加里·贝克尔. 人力资本 ［M］. 陈耿宣译. 北京：机械工业出版社，2018：9.
② ［美］加里·贝克尔. 人力资本 ［M］. 陈耿宣译. 北京：机械工业出版社，2018：
11-12.

和劳动力以外的第四个生产要素提了出来，认为利润是企业家经营管理的收益。最典型的是熊彼特的企业家理论，他认为企业家扮演创新角色，是资本主义经济发展的发动机（鲁传一、李子奈，2000）。企业家的基本职能就是创新，熊彼特认为这种创新主要包括引进新产品、引进新的生产方式、开辟新市场、开辟原材料的新供应来源、实现企业新的组织等方面（张维迎，1984）。"企业家精神（Entrepreneurship）"是人们竞相成为企业家的一种行为，是"着手工作、寻求机会、通过创新和开办企业实现个人目标，并满足社会需求（鲁传一、李子奈，2000）"。总体而言，企业家精神包括创新精神、冒险精神、善于寻找市场获利的精神。具备了这些精神，才使得企业家能够高效组织生产，促进经济发展。

7. 制度与经济增长

造成经济增长和人均收入差异的一个根本原因是"制度"。按照经济学家诺斯的定义，制度是一个社会的游戏规则，或者说是人为设计的、用于塑造人们互动的一系列约束。影响人与人之间各种经济活动的众多安排都是制度，这些安排涉及家庭、个人和企业之间的经济、政治和社会关系。经济制度之所以重要，是因为它影响着社会的经济激励结构，没有财产权，个人就不会有动力在物质资本或人力资本上进行投资，也不会采用更高效的技术。而且，经济制度能确保资源被配置到最有效的用途当中，并决定谁将获得利润、收入和剩余控制权。制度经济学理论因此指出，一个社会如果拥有促进和鼓励要素积累、创新及有效资源配置的经济制度，相对于没有这种制度的社会，将更加繁荣。① 比如，税收和补贴政策以及市场结构可能影响物质资本积累、人力资本投资及技术进步；协商制度以及信贷市场结构会影响技

---

① ［美］达龙·阿西莫格鲁. 现代经济增长导论：上册［M］. 唐志军等译. 北京：中信出版社，2019：132－135.

术选择以及生产效率；有保障的产权制度以及稳定有序的市场环境就能为个人或公司开创新业务提供激励；① 等等。

8. 贸易理论概要

贸易的本质就是产品的交易。国际贸易和国内贸易本质上没有什么不同，只是贸易主体不同而已。贸易、跨区域贸易都将促进某产业分工的深化和细化，促进该产业在更大的范围内扩张和发展。贸易理论回答了某种产品的生产或者某产业在什么条件下能够在更大范围内进行贸易，或者在什么条件下其产品能在更大的市场范围内进行销售。因此，这里对一些基本的国际贸易理论概念②进行简要介绍。

绝对优势（Absolute Advantage）指对于生产某种产品来说，一国比另一国生产效率更高的状况。生产效率更高，一般情况下意味着使用相同量的资源能够生产更多的产品，或者生产相同量的产品耗费的资源更少。比较优势（Comparative Advantage）指在同时生产数种产品的时候，对于某种产品的生产来说，一国的相对生产效率比另一国更高的状况，又称相对优势。亚当·斯密的绝对优势理论：绝对优势是国际贸易和分工的基础；每个国家都按照自己的绝对优势参与国际贸易和分工，本国的社会福利都能从中得到提高。李嘉图的比较优势理论：每个国家都拥有具有比较优势的产业；各国都按照自己的比较优势参与国际贸易和分工，社会福利都能够得到提高。要素禀赋理论：赫克歇尔-俄林定理（H-O 定理）：每个国家的比较优势决定于该国的要素禀赋（要素充裕程度与要素密集度）。每个国家的比较优势在于那些密集使用该国充裕要素进行生产的产品；每个国家都按照比较优势参与国家贸易，社会福利都将得到提升。该理论的逻辑是，一国某种

---

① ［美］达龙·阿西莫格鲁.现代经济增长导论：下册［M］.唐志军等译.北京：中信出版社，2019：929-931.
② 下面的贸易理论概念引自梁坚.国际贸易理论与政策：基于比较优势统一框架的全新阐释［M］.北京：中国人民大学出版社，2015.

资源禀赋越是充裕，则该国这种要素资源的相对价格会更低，从而导致该国密集使用这种要素生产的产品的价格相对更低，从而表现为更强的国际竞争力或者说比较优势。克鲁格曼的规模经济比较优势理论（Theory of Comparative Advantage Based on Scale Economy）：对于存在规模经济的产业，一个国家的代表性企业规模更大或者处于集聚状态下的产业规模更大，将会导致更低的生产成本，从而成就该国在该产业上的比较优势。"具体讲，在规模经济和垄断竞争的条件下，企业的长期平均成本随着产量增加而下降。在参与国际贸易以前，企业所面向的只是国内的需求。由于国内市场需求有限，企业不能生产太多，从而使生产成本和产品价格不得不保持在较高的水平上。如果企业参与国际贸易，产品所面临的市场就会扩大，国内需求加上国外需求，企业生产就可以增加。由于生产处于规模经济阶段，产量的增加反而使产品的平均成本降低，从而在国际市场上增加了竞争能力（海闻，1995）。"[1] 先发优势：在存在规模经济的产业中，先行加入的企业甚至国家通常占有更大的国内、国际市场，因此这种比较优势更加明显。我们把这种由于先行加入市场所获得的优势称为先发优势。先发优势通过贸易会得到自我强化。原先具有先发优势的国家，企业规模或者产业规模在贸易后由于获得了海外市场而得到进一步扩大，从而导致规模经济更加明显，成本的下降更加明显。先发优势由此获得自我强化。干中学（Learning by Doing）：指随着时间累积及生产量的增加，由于工作经验积累引发技术提高而带来的成本节约。有相当多的产业存在干中学效果。存在干中学效果的时候，先发优势将会得到淋漓尽致的发挥。[2]

① 海闻. 国际贸易理论的新发展 [J]. 经济研究，1995（7）：67-73.
② 梁坚. 国际贸易理论与政策：基于比较优势统一框架的全新阐析 [M]. 北京：中国人民大学出版社，2015：91-93.

9. 分工与合作理论

经济学理论认为分工能促进效率的提升，分工与合作总是同时存在的，是一个硬币的两面。当然，分工的程度受到很多因素的影响，例如每个人的知识分布、市场规模以及合作的协调成本等。亚当·斯密在《国民财富的性质和原因的研究》中一开始用了三章内容来分析工人中劳动分工的原因和影响。"劳动生产力上最大的增进，以及运用劳动时所表现的更大的熟练、技巧和判断力，似乎都是分工的结果。"[①] 他认为分工是提高劳动生产率，进而获得报酬递增的主要途径。他强调，"劳动者生产能力的最大改善以及技术手艺的改进，以及它在任何地方的引入和运用的判断似乎都受到了劳动分工的影响。正是由于劳动分工（一般是在受到很好治理的社会）产生的各种产品产量的巨大的增加使得普遍富裕可以扩展到最底层的人民"。[②] 进一步地，亚当·斯密强调，专业化和劳动分工主要受到市场范围的影响（斯密定理），即只有当某一产品或者服务的市场范围扩大到一定程度（其需求增长到一定程度），专业化的生产者才能从实际中出现和存在。在这个基础上，Young（1928）进一步发展了这个理论，提出了"杨格定理"，即"市场规模带来分工的深化，分工的深化又带来市场规模的扩大，这是一个循环累积、互为因果的演进过程"[③]。毕竟，分工的深化会带来工人收入的增加，收入的增加意味着市场购买力的提高。而在贝克尔看来，专业化和劳动分工还会受到一些远比市场范围更重要的其他因素的影响，例如协调成本，即协调专业化工人合作的成本。委托代理成本、搭便车和沟通困难都表明协调一群互补的专业技术工人的成本会随着专业化工作者人数的增加而增加。"随着独立的

---

① 亚当·斯密. 国民财富的性质和原因的研究 [M]. 北京：商务印书馆，2014.

② [美] 加里·贝克尔. 人力资本 [M]. 陈耿宣等译. 北京：机械工业出版社，2018：257-276.

③ 贾根良. 杨格定理与经济发展理论 [J]. 经济社会体制比较，1996（2）：58-60.

专业工作人员人数的增加，由不同成员操作的不同工作和功能之间的协调困难，或者由于成员之间误导信息的交流引起的生产故障出现的概率也会增加。除此之外，协调成本也取决于工人们是否信任彼此，合同是否得到执行，政府是否维护稳定且有效的法律等。"① 实际上，哈耶克（1945）② 强调了有效协调不同参与主体的专业化知识对一个经济体的重要性。贝克尔继续强调企业家的一个很重要的功能就是协调不同类型的劳动力和资本，"那些鼓励企业家精神的经济系统会有更低的协调成本，并且在工人和企业间会有一个更广泛的劳动分工。由于中央计划经济压制了企业家精神并削弱了市场协调交易的功能，在这种经济中工人和企业没有市场经济中的专业化强"③。

10. 产业集聚理论概要

产业集聚（Industrial Cluster）是指同一产业在某个特定地理区域内高度集中，产业资本要素在空间范围内不断汇聚的一个过程。波特认为产业集聚是某一个特定领域内相互联系的企业及机构在地理上的聚集体。经济学家马歇尔最早关注了产业集聚问题，他在《经济学原理》中提出"外部经济"的概念，说明外部经济与规模经济是企业集聚的原因。韦伯认为区位因素是产业集聚的主要原因，他认为工厂在某地集聚是追求成本的节省，只有当工厂为追求集聚的好处而迁移且迁移所增加的运费小于或等于迁移后因集聚而节省的成本时，集聚才可能产生。也有一些学者认为企业与产业组织是决定产业集聚的重要原因，他们研究发现中小企业集聚的地区往往能够超越大企业、单一产业地区的经济绩效。随着创新网络的兴起，网络论者认为，创新网络可以有效降低创新活动中的技术和市场的不确定性，克服单个企业

---

①③ ［美］加里·贝克尔. 人力资本 ［M］. 陈耿宣等译. 北京：机械工业出版社，2018：257-276.

② Hayek, F. A. The use of knowledge in society ［J］. The American economic review, 1945, 35 (4)：519-530.

从事复杂技术系统创新时的能力局限，从而使其成员获得"正和游戏"带来的收益增长——为了提高创新收益，创新主体企业需要在地理上与相关知识源邻近，以便与之进行频繁互动来获取所需隐性知识，这样企业倾向于与其关键互动学习对象在地理上接近，而且这种接近的必要性随着学习难度（以技术复杂性和合成复杂性衡量）的增加而提升，那些涉及新兴技术和复合技术的创新活动尤其具备地理集聚的内在动力。后面很多研究指出，人文制度因素对产业集聚也很重要，比如美国硅谷因为具有集体学习、网络合作和鼓励冒险的创新文化而适应了剧烈变动的技术环境，而与此对应的美国 128 号公路地区则因为崇尚集权和传统、鼓励稳定和自力更生的僵硬文化而急剧衰落；集群企业间的关系以及企业与其他组织间的关系不仅仅是市场关系，而且还明显地依靠文化的、政治的和意识的因素，正式与非正式制度的存在奠定了相互交流、集体学习和共同解决问题的基础，降低了合作的交易成本（向世聪，2006）。

（三）贵州农村产业革命"八要素"的理论逻辑

贵州省从 2018 年开始推动农村产业革命，并探索形成以"八要素"工作法为核心的政策体系。"八要素"工作法是贵州省的实践探索，是全省系列产业发展实践的经验总结，有必要对该工作法进行及时的理论考究：一方面是将具体经验上升到一般理论的高度以更好地指导未来的实践；另一方面是有必要尽早地从经济学理论层面审视和考究当前的做法，以引导具体实践沿着正确的方向快速前进。

"八要素"工作法包括产业选择、培训农民、技术服务、资金筹措、组织方式、产销对接、利益联结、基层党建，"八要素"是贵州省针对当前农村产业发展给出的工作流程或者工作步骤，从很大程度上回答了农村产业发展如何做、做什么的问题。那么，到底这八个要素能否解决农村产业发展的全部问题，或者是否符合经济学理论？若是，是哪些经济学理论；若不是，应该利用哪些理论对这"八要素"赋予新内涵，即"八要素"的每个要素应该具备什么内涵，从而对其加以完善，以更好地指导下一步的农村产业发展，就是值得探讨的问题。表1-1列出了"八要素"对应的经济学理论，并据此给出了相应的发展思路。

表1-1　贵州农村产业革命的理论依据及发展思路

序号	"八要素"的具体名称	所依据的主要经济学理论及发展思路	需要坚持的总原则
1	产业选择	比较优势理论。产业选择及培育要遵循比较优势等理论：选择本地特有的、具有生产规模效应的产品（服务）进行产业发展和培育	处理好市场与政府的关系：让市场在产业发展和资源配置中发挥决定性作用，更好发挥政府作用
2	培训农民	人力资本理论。提高农村产业劳动力的整体素质，为产业发展提供微观动力	
3	技术服务	技术对经济增长的积极作用。为农村产业发展提供便捷的技术和相关服务	
4	资金筹措	"大推动"理论、资本对经济增长的积极作用理论。提供产业初期发展的必要资本，深化财政和金融改革	
5	组织方式	分工与合作理论、企业家对经济发展的重要作用。农村产业相关生产经营主体要在市场起决定性作用的前提下进行合理的分工与合作，各主体之间按照市场原则，自发地组成"风险共担、利益共享"的一体化的激励相容的联结机制	
6	产销对接		
7	利益联结		
8	基层党建	经济发展中的市场和政府的必要性理论。充分发挥基层党组织对农户等各生产经营主体的组织及他们之间合作的协调作用，降低各种交易成本	

1. 产业选择

农村产业革命的第一步是明确要发展的"产业"是什么，或者外来的产业目标是什么。尽管"产业"的发展是动态的，也不是能完全

"选择"出来的，但如果能够利用经济学理论对产业选择的"努力"给予方向性指导，也能让产业发展的实践少走弯路、增加速度。总体而言，产业选择要遵循比较优势理论，即各地区要选择本地特有的"资源"作为产业发展的基础，这种资源可能是具体的某种农产品，比如刺梨，也可能是某种特有的生态气候——是支撑某种独特产业发展的必备资源条件基础，等等。总之，现有的产业或者即将培育出的产业要么在直接的产品上、要么在基于某种特别条件形成的特有产业上相比周边地区而言具备相对优势，因此在产品或服务供给上形成某种程度的"垄断"力量，从而具有了较强的竞争力，这就是比较优势理论所强调的核心。同时，产业选择还要尽可能选择那种生产具有规模效应的产业，随着产业的发展，市场的需求逐渐增加，如果产量的增加不能带来平均成本的下降，那么这种产出的增加意义并不大，也没有必要将这种所谓"独特"的产品，比如刺梨销往市外或者省外，因为把用来生产刺梨的投入投向具有规模效应的其他产品或者产业上面，将产生更大的收益。需要强调的是，如前所言，对"产业"进行定义本身就存在一定难度，产业形成及发展的动态性又决定了产业选择的难度，即使在初期阶段遵循比较优势，在发展中也无法避免被竞争淘汰出局的可能性。对此，最优的选择恐怕只有充分发挥市场机制在产业形成及产业升级这个始终充满不确定和动态性的发展过程中的积极作用了。

2. 培训农民

任何一个经济体的发展都离不开劳动力这个生产要素，这个要素的"水平"即人力资本水平又决定了该要素的产出效率。"培训农民"这个要素对应着经济学中的人力资本理论，无论是食用菌的生产工人，还是刺梨的生产工人，各类产业的最基本生产环节的工人的素质对生产效率都形成重大影响。因此，要对产业工人进行普惠性的职业教育培训，全面提升劳动力的人力资本水平，这是"培训农民"这个要素应具有的含义和发展思路。这需要建立健全农民职业教育体系，为广大农村产业劳动者提供全面的、系统的、普惠的、精准的教育培训，让每一个愿意接受培训的农民都能以极低的交易成本获得其所需的职业教育。

3. 技术服务

经济增长理论十分强调技术对经济增长的作用，直观地讲，技术决定了要素的组合方式，同等数量的投入，技术不同，产出就不同。"技术服务"这个要素首先抓住了产业发展的要害，同时也要求贵州全省能够创造出有利于技术生产、流入、交易、转化的市场环境和政策环境。比如，要建立完备的知识产权保护体系，建立一支农业科技人才队伍，建立农业科技成果转化平台等，当然，最重要的思路是让市场在技术形成、交易、转化等各环节中发挥决定性作用，除非是对基础性、具有某种公共品性质的一般性科学技术的研究，否则政府要进行必要的前期投入和支撑。

4. 资金筹措

无论是"大推动"经济发展理论，还是经济增长理论，都非常强调资本对经济增长的重要作用。贵州各类农村产业的发展都离不开资本的作用，这需要市场和政府在资金"筹措"方面能够充分发挥作用，各方资金进入产业的"渠道"必须畅通，不应受到任何障碍和约束，这对贵州当前的财政体制、金融制度、金融市场都形成了巨大挑战。"资金筹措"这个要素抓住了产业发展的根本，核心是如何建立恰当的市场环境，激励各类资本、各方资金流入农村产业，在农村产业发展中获得与其在其他行业也能够获得的收入相当的应有收入。

5. 组织方式、产销对接、利益联结

这三个要素在经济学理论上对应着分工与合作理论，以及企业家

对经济发展的作用理论。农村产业革命意味着产业的生产方式、组织方式发生巨大变化。不管是生产的组织、还是产销的对接，本质上都是某种分工与合作，分工的专业化意味着效率的提升，但是分工能否实现不但需要市场需求的支撑，也受分工以后合作的难易程度决定，同一产业不同环节上的各利益主体的分工、合作背后本质上是一种利益联结，利益联结的合理与否也决定了分工与合作的实现程度，利益联结的本质是各主体之间是否确立了激励相容的合约或者契约关系。有时候，这种合约关系可能内化成同一组织内的部门关系，即纵向一体化为同一组织。贵州当前的农村产业革命最常见的一种组织模式就是"公司+合作社+农户"，这种组织方式本质上是一种不同环节的分工与合作，各利益主体做自己最擅长的事情，然后通过合作实现"风险共担、利益共享"的多赢局面。需要强调的是，"利益联结"这个要素不是政府能强迫斩获的，比如允许这些市场主体自由地去"分工"，然后自发形成的"合作"背后自然是激励相容的、可持续的、各方都开心的"利益联结"机制。既然"公司+合作社+农户"是被普遍接受的组织模式，那么如何创造有利于企业家（公司）或者企业家精神发挥作用，有利于公司与合作社、合作社与农户之间的自由合作的市场环境和政策环境就极其重要，允许他们按照自己的方式去签订合作合同，允许他们按照自己的方式去决定与谁签订合同，允许他们自由决定各方按照什么比例去分担风险和分享收益等，高效的、可持续的"公司+合作社+农户"模式才能得以实现。组织方式、产销对接和利益联结这三个要素就是要达到这样的目标。如果说政府需要干预"利益联结"的话，那也是间接的干预，可以通过税收等政策实现收益的二次分配，最终实现如第二福利经济学定理所预示的基于效率上的公平。

6. 基层党建

中国的成功，关键在党。贵州农村产业革命的成功，关键也在党。

从经济学理论上讲，贵州农村产业革命需要各级政府创造有利于市场发挥作用的环境，而在各级政府之中，基层政府和基层党组织①具有先天的信息优势，能够做出更精准、更符合经济行为主体需求的服务决策。因此，"基层党建"这一要素的根本在于通过基层党建来降低产业发展中的各种"交易成本"，充分发挥各级组织对农户等各生产经营主体的组织引导及他们之间分工合作的协调作用。同时，也要发挥基层党组织在公共品建设层面的积极作用。

从理论逻辑上讲，"八要素"并没有穷尽产业发展的所有要点和思路。而且，现实世界存在着诸多的不确定性，产业发展面临着各种风险，还要满足不断升级的需要。因此，"八要素"若要成功，需要坚持一个总原则，即科学处理政府与市场的关系：让市场在产业发展和资源配置中发挥决定性作用，更好发挥政府作用；更好发挥政府作用的重点是创造让市场发挥决定性作用的条件和环境。

---

① 经济学理论上讲，基层党组织是基层政府的代理者，应充分发挥其信息优势。

第二章

农村产业革命的基础与挑战

本章分析贵州省推进农村产业革命所具备的基础条件以及面临的问题与挑战。贵州省提出推进农村产业革命，是主动应对农业经济结构优化转型升级、加快新旧动能转换的重要举措。将有助于打赢脱贫攻坚战，有助于实施乡村振兴战略和实现农业农村现代化。本章利用统计年鉴数据，分析和阐述贵州省推进农村产业革命所具备的基础条件，并讨论了推进农村产业革命所面临的五大问题。

一、贵州农村产业革命的基础

中华人民共和国成立70年来，贵州省不断激发农业农村发展内生动力，强化农业农村改革，不断开创了农业发展、农村繁荣、农民增收的良好局面，也取得了较为显著的成效，为推进农村产业革命奠定了坚实基础。

（一）历届政府高度关注农业发展，为全国贡献了农业农村改革的贵州智慧

贵州省具有特殊的地理条件，山地和丘陵占总面积的92.5%，复杂多样的生态环境，加之交通、资金、观念等多种因素限制，多年来，农业一直延续传统小农经济，与全国发达地方相比，农业产业结构调整起步晚、速度慢、规模小，是典型的自给自足的吃饭农业。面对这种现实困境，历届贵州省委高度关注农业发展，探索和推动农业发展的脚步从未停歇，在不断探索和创新中，涌现出了多种在国内具有引领性的发展思路，这种勇于创新、敢闯敢干的工作作风有效保障了贵

州省农业的发展。贵州省先后创造了包产到户的"顶云经验",增人不增地、减人不减地的"湄潭经验",推广了农村"三变"改革等创造性经验,为全国农业农村改革贡献了贵州智慧。

党的十八大以来,贵州省委、省政府大力发展高效特色产业,不断激发农业农村发展动力,开创了农业农村发展新局面。特别是2018年,贵州省提出"来一场振兴农村经济的深刻的产业革命",转变了农业农村改革的思想观念和工作作风,体现出了高度的政治责任感和强烈的政治担当,为实施乡村振兴战略、做好新时代"三农"工作指明了方向。目前,全省深入推进农业农村改革,由省领导分别推动农业12大特色优势产业加快发展,通过推广"龙头企业+合作社+农户"的组织方式,涌现了平坝区塘约村、盘州市舍烹村、西秀区大坝村等利益联结典型,茶叶、食用菌、蔬菜、生态畜牧、石斛、水果、竹、中药材、刺梨、生态渔业、油茶、辣椒12个重点优势产业成为纵深推动农村产业革命的重要抓手。贵州省农业农村各项工作取得显著成效,并为推进农村产业革命奠定了良好的经济基础。

1. 贵州省地区生产总值增速高于全国平均水平,经济增长的后劲较足

地区生产总值反映了地区经济整体水平,代表着地区经济发展的基础。尽管贵州省地区生产总值的绝对量在全国来看,并不具备优势,但就贵州省地区生产总值的增速指标来看,无论是地区生产总值增速、第一产业增加值增速,还是人均地区生产总值增速,都要领先于全国增速。由此表明,贵州省在经济发展上,具有很大的后劲,发展势头较好。从具体数据来看,2005年以来,贵州省地区生产总值增速始终高于全国平均增速。2018年,贵州省地区生产总值增速为9.1%,高于全国平均水平(6.6%)2.5个百分点,成为经济发展进入"新常态"以来几个为数不多的生产总值增速保持较高水平增长的省份。在全国第一产业增加值增速放缓的大背景下，贵州省第一产业增加值增速并未表现出明显的减缓趋势，反而在 2018 年，第一产业增加值增速呈现加快趋势。2018 年，贵州省第一产业增加值增速达到 6.9%，高于全国平均水平（3.5%）3.4 个百分点（见表 2-1）。

表 2-1 2000 年以来贵州省地区生产总值增速　　单位：%

年份	地区生产总值增速			第一产业增加值增速			人均地区生产总值增速		
	贵州	全国	相差	贵州	全国	相差	贵州	全国	相差
2000	8.4	8.5	-0.1	3.6	2.3	1.3	7.0	7.6	-0.6
2005	12.7	11.4	1.3	5.2	5.1	0.1	17.9	10.7	7.2
2010	12.8	10.6	2.2	4.7	4.3	0.4	14.7	10.1	4.6
2011	15.4	9.5	5.9	1.2	4.2	-3.0	16.5	9	7.5
2012	13.6	7.9	5.7	8.6	4.5	4.1	13.5	7.3	6.2
2013	12.5	7.8	4.7	5.8	3.8	2.0	11.9	7.2	4.7
2014	10.8	7.3	3.5	6.6	4.1	2.5	10.4	6.8	3.6
2015	10.7	6.9	3.8	6.5	3.9	2.6	10.3	6.4	3.9
2016	10.5	6.7	3.8	6.0	3.3	2.7	9.8	6.1	3.7
2017	10.2	6.9	3.3	6.3	3.9	2.4	9.4	6.3	3.1
2018	9.1	6.6	2.5	6.9	3.5	3.4	8.7	6.1	2.6

数据来源：国家统计局、《2018 年贵州省国民经济和社会发展统计公报》、《2018 年国民经济和社会发展统计公报》。

从人均地区生产总值指标来看，就绝对值而言，贵州省人均地区生产总值呈现逐年递增态势。2018 年，贵州省人均地区生产总值为 41244 元，比全国平均水平（64644 元）低 36.20%，与全国平均水平之间的差距呈逐年缩小趋势（见图 2-1）。就增速而言，贵州省也高于全国平均水平。但是，增速有所放缓，且高于全国的速度有减弱趋势。2005 年，贵州省人均地区生产总值增速为 17.9%，高于全国平均水平（10.7%）7.2 个百分点，而 2018 年，该指标仅高于全国平均水平 2.6 个百分点（见表 2-1）。

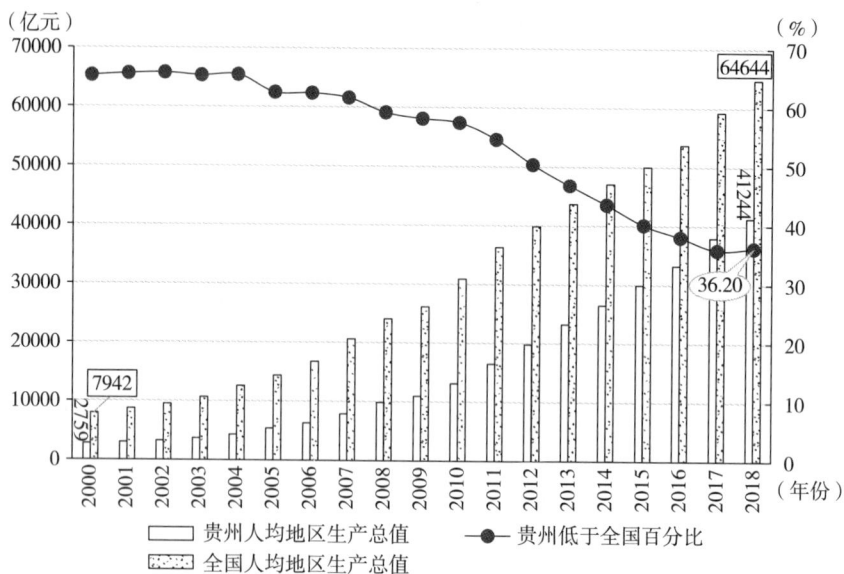

图 2-1　2000~2018 年贵州省及全国人均地区生产总值

数据来源：国家统计局。

2. 贵州省农村具有重要的基础性地位，且主要农产品产量呈逐年递增态势

农业是国民经济的基础，在国民经济发展中处于举足轻重的地位。从全国三次产业结构的变化来看，我国产业结构已经逐渐过渡到"三二一"的产业结构，第一产业在国民经济中的比重相对下降，2018 年第一产业的占比仅为 7.20%。而贵州省在 2018 年的第一产业占比为 14.59%（见图 2-2），在三大产业中仍然占有较为重要的地位，对于经济增长具有重要的推动作用。

图 2-3 中的数据显示，2009 年以来，贵州省第一产业对 GDP 的贡献呈现总体提高态势，2009 年第一产业对 GDP 的贡献率为 5.5%，而 2017 年第一产业对 GDP 的贡献率已经达到了 9.3%。由此表明，在贵州省农业对于经济增长仍具有基础性作用。

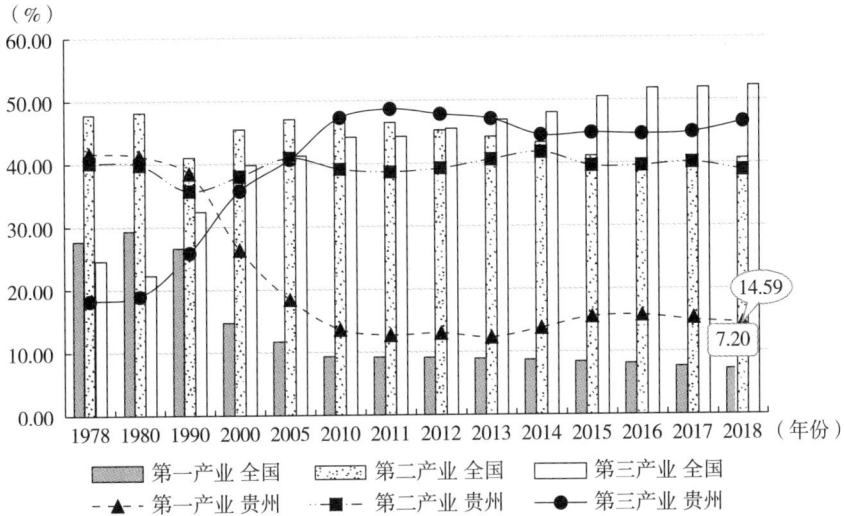

图 2-2　1978~2018 年贵州省及全国三次产业占比

数据来源：国家统计局。

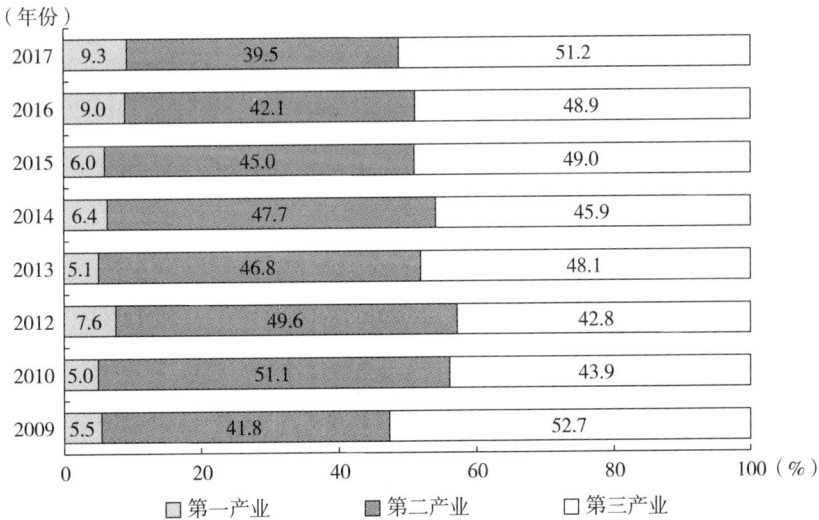

图 2-3　2009~2017 年贵州省三次产业贡献率

数据来源：历年《贵州统计年鉴》。

由于贵州省属于我国西部地区典型的喀斯特地貌发育地和少数民

族聚集地，拥有得天独厚的自然资源和丰富的野生植物资源以及矿产资源，对贵州省这样一个拥有良好生态环境、生态农业优势明显的内陆山区省份，发展特色农业正是改造传统农业，调整农业结构，促进农业快速发展的一个有效途径。图 2-4 数据显示，1978 年以来，贵州省粮食总产量表现出了较为明显的增长趋势。1978 年，贵州省粮食产量为 643.36 万吨，而 2017 年该指标已经递增到 1178.54 万吨，增长了近两倍。而肉类总产量和水果产量在改革开放以来表现出了强劲的增长势头。从肉类总产量来看，1978 年贵州省实现肉类总产量 12.80 万吨，而 2017 年该指标已经增长到 207.57 万吨，增长了 16 倍。而从水果产量来看，1978 年贵州省生产水果仅 4.82 万吨，而 2017 年该指标已经增长到 283.53 万吨，提高了 58.82 倍，增长迅速。

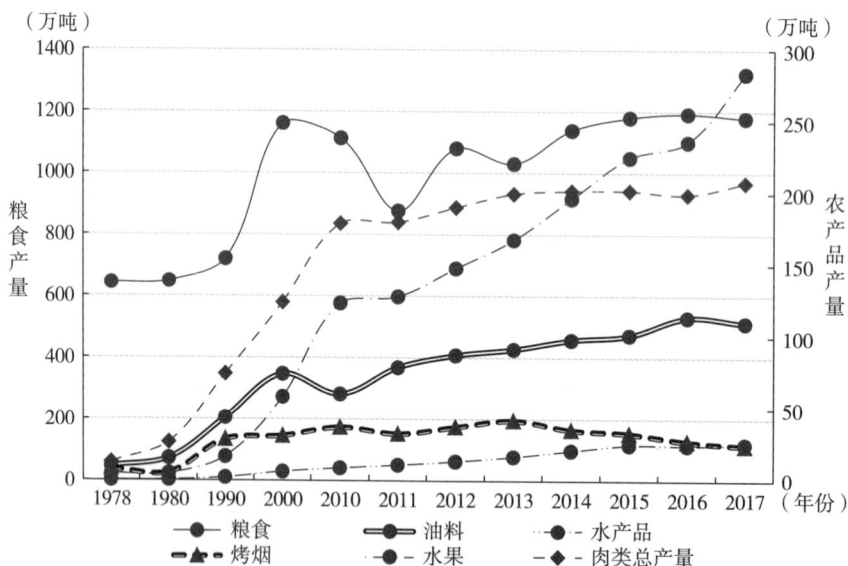

图 2-4　1978~2017 年贵州省主要农产品产量

数据来源：《贵州统计年鉴 2018》。

3. 贵州省农村居民人均可支配收入增速高于全国，为产业发展提供了空间

促进农民增收，是加快农业和农村发展的必然要求，是保持国民经济持续、快速、协调、健康发展的必然要求，是实现全面建设小康社会宏伟目标的必然要求，是维护农村社会稳定和国家长治久安的必然要求，也是实现城乡一体化，彻底解决"三农"问题的必要措施。多年来，贵州省委省政府高度关注农民增收问题，并取得了较好成效。图 2-5 中的数据显示，2013 年以来，贵州省农村居民人均可支配收入呈现递增态势，由 2013 年的 5434.00 元提高到 2018 年的 9716.10 元，增长了 78.80%。而且从农村居民人均可支配收入的增速指标来看，贵

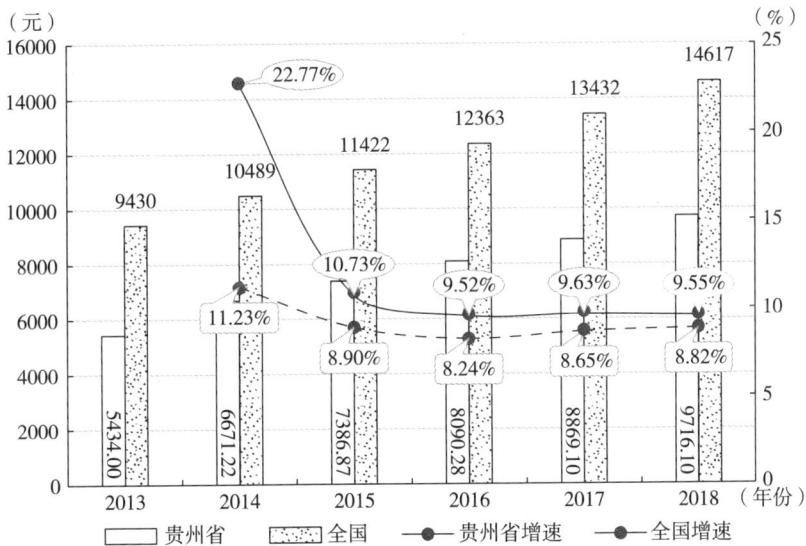

图 2-5　2013~2018 年贵州省和全国农村居民人均可支配收入①

数据来源：《贵州统计年鉴》、国家统计局。

---

① 从 2013 年起，国家统计局开展了城乡一体化住户收支与生活状况调查，2013 年及以后数据来源于此项调查。与 2013 年前的部分城镇和农村住户调查的调查范围、调查方法、指标口径有所不同。

州省的增速也略高于全国平均水平。以 2018 年为例，2018 年贵州省农村居民人均可支配收入比 2017 年增长 9.55%，比全国平均水平（8.82%）提高 0.73 个百分点。贵州省农村居民人均可支配收入水平的提高，表明农村居民生活水平有了较好的改善。

（二）交通基础设施的极大改善，为农村产业革命提供了更广阔的市场

"连峰际天、飞鸟不通"曾是交通闭塞的真实写照，也是以往制约全省社会经济发展的根本原因。长期以来，贵州省委、省政府一直高度重视交通发展，按照"交通引领经济"的理念，始终把交通基础设施建设摆在全省经济社会发展的重要位置常抓不懈，并明确提出实施"交通优先发展战略"。尤其是党的十八大以来，贵州省以国发〔2012〕2 号文件定位的"打造西南重要陆路交通枢纽"为引领，相继打出了"铁路建设大会战""高速公路水运建设三年会战""'四在农家·美丽乡村'基础设施建设——小康路行动计划""农村公路建设三年会战""农村'组组通'公路建设三年大决战"等一系列加快交通建设的"组合拳"，交通基础设施建设跑出了"贵州速度"，全省交通发生了翻天覆地的变化，构建起了集水陆空于一体的综合交通体系，成为全省经济增速连续多年保持全国前列的强有力支撑。

从图 2-6 中的数据来看，2000 年以来，贵州省全社会固定资产投资中，交通运输、仓储和邮政业全社会固定资产投资比重始终保持在 15% 左右，为改善贵州省基础设施提供了资金保障。

目前，贵州省已经形成了以湘黔—贵昆铁路为一横、川黔—黔桂和水柏铁路为两纵、贵广高铁和沪昆高铁贵阳至长沙段及贵阳至昆明段为三条射线的"一横两纵三射线"综合铁路网络格局，全省建成铁路达 3598 公里，9 个市（州）中心城市中贵阳、都匀、凯里、安顺、

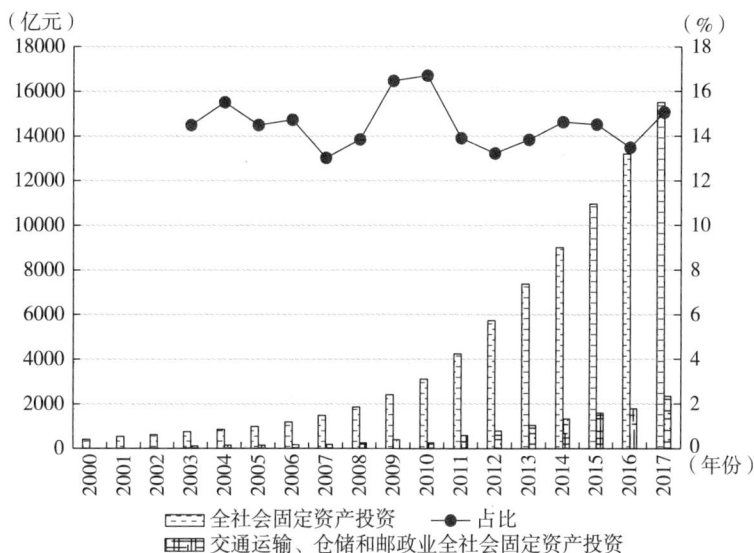

图 2-6 2000～2017 年贵州省全社会固定资产投资

数据来源：国家统计局。

遵义、铜仁 6 个城市已通高铁。便捷的交通促进了全域化、精准化、特色化旅游产品供给，较好地适应了城郊游、古镇游、乡村游、温泉游，生态游、修学游、养生游、避暑游等旅游休闲需求。图 2-7 中的数据显示，2000 年以来，借助于不断完善的交通，贵州省旅客周转量和货物周转量都有所提升。2018 年，全省旅客周转量为 1797.91 亿人公里，较 2000 年的 404.1 亿人公里增长了 4.45 倍；而货物周转量由 2000 年的 238.36 亿吨公里增长到 2018 年的 798.67 亿吨公里，增长了 3.35 倍。

在高速公路的建设上，贵州省大力推进国家高速和省级高速公路建设，全省公路交通系统已呈现出"国省同构，高速公路建设架起公路交通网络大动脉"的历史性变化。到 2018 年底，全省"四横五纵八联"的高速骨架路网形成。与此同时，贵州省加大了普通国省干道和农村公路建设力度，"十二五"期间全省农村公路新增里程 31202 公里。图 2-8 中的数据显示，2000 年以来，贵州省公路里程不断增加，

（亿人公里）   （亿吨公里）

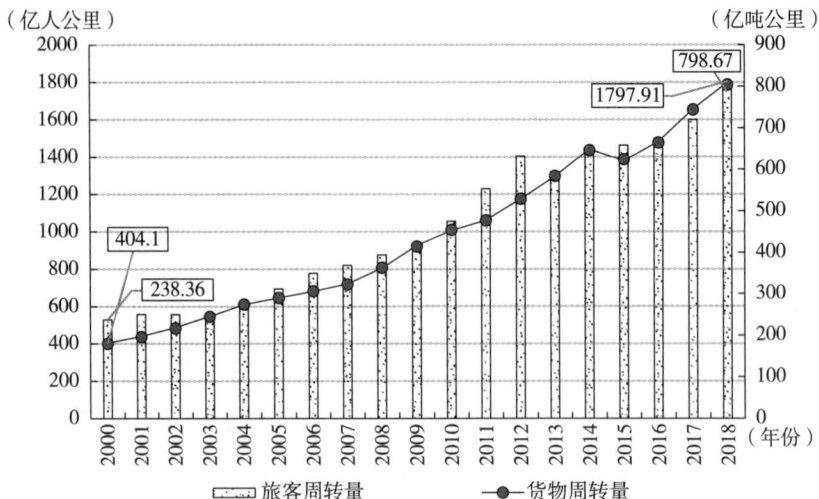

图 2-7　2000~2018 年贵州省货物及旅客周转量

数据来源：国家统计局。

（万公里）   （%）

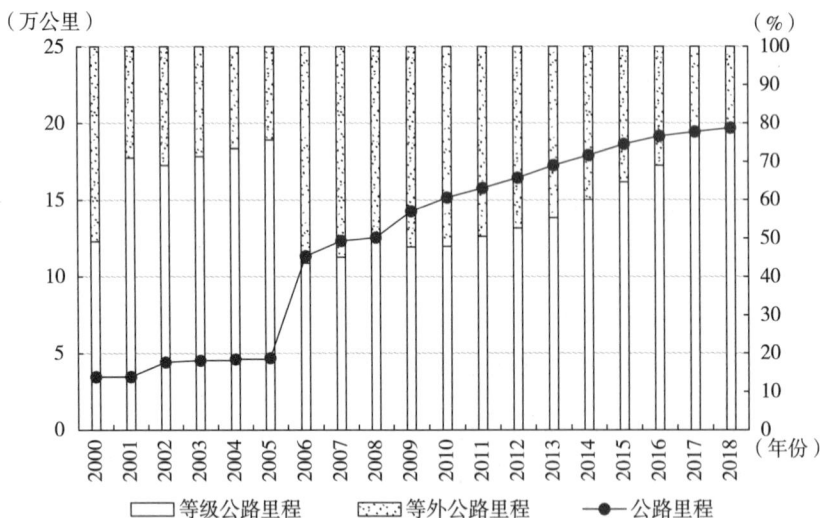

图 2-8　2000~2018 年贵州省公路里程

数据来源：国家统计局。

特别是 2006 年开始，公路里程增长显著，增长到 11.33 万公里，比 2005 年的 4.69 万公里增长了两倍多。截至 2018 年末，全省公路总里程达 19.69 万公里，其中高速公路 6453 公里，普通国省道 2.63 万公里，农村公路 16.41 万公里（县道 3.46 万公里、乡道 4.59 万公里、村道 8.36 万公里）。在等级公路建设上，贵州省加大了对等级公路的规划。2000 年以来，等级公路里程不断增长（见图 2-8）。目前，贵州省以高速公路为动脉、国省道路为经络、县乡公路为支脉、通村道路为末梢的公路网络基本形成。

（三）大数据技术的广泛应用，成为农村产业革命的助推器

党的十九大报告对建设数字中国进行战略部署，习近平总书记主持中央政治局第二次集体学习时专门对大数据发展进行研究，做出了一系列重要指示要求。贵州省委、省政府高度重视大数据发展，专门成立了贵州省大数据发展管理局、国家大数据（贵州）综合试验区建设领导小组办公室、贵州省大数据发展领导小组办公室，明确提出实施大扶贫、大数据、大生态三大战略行动。经过一届届的努力，贵州省大数据进入了新的发展阶段。推进大数据战略行动，是贵州坚定不移的战略选择。

近年来，贵州省紧紧围绕省委、省政府"一个坚定不移、四个强化、四个加快融合"的要求，深入实施大数据战略行动，大数据与实体经济深度融合取得显著成效。2018 年，融合发展水平指数达到 36.9，其中农业融合水平指数达到 34.6，相比 2017 年的 31.3 的融合水平，有较为明显的提升。传统的农业生产模式成本高、风险大、效益低，已然不能适应新时代农业发展的需要。贵州省通过构建大数据、云计算、互联网、物联网技术为一体的现代农业发展模式，把农业生产的各个环节掌握在"心中"、操控在"手中"，实现了现代农业生产管理的实时监控、精准管理、远程控制和智能决策。

同时，贵州省重点聚焦特色优势产业，推进质量追溯全程化。运

用大数据资源，全面推广使用贵州省重要产品追溯体系公共管理服务平台，形成了生产有记录、信息可查询、质量有保障、责任可追究的农产品质量安全追溯体系。目前，该平台已纳入茶叶、蔬菜、水果、禽蛋等特色产业和食用农产品等 834 个，消费者只需输入农产品条形码，即可查询农产品产地、生产单位、产品检测等相关信息，让老百姓买得放心、吃得安心，大大提高了贵州农特产品的市场认可度和消费者满意度。

此外，贵州省围绕农村电商主体的培育打造，助推市场销售网络化。2018 年，贵州省新增国家级电子商务进农村示范县 22 个，新建县级电商运营服务中心 10 个、村级电商服务站点 2261 个。国家级电子商务进农村综合示范县和农商联动示范县实现贫困县"双全覆盖"，农商互联数据平台纳入 3044 家企业 20029 条销售数据。线上线下齐发力，"黔货出山"风生水起，贵州的农特产品既种得出，又卖得好。相关数据显示，去年贵州省农产品销售完成 290 亿元，带动 56 万贫困人口增收，商务扶贫成效显著。

（四）独特的地形地貌和立体型的气候特征，赋予了丰富的特色农业资源

贵州立体气候明显，属中亚热带季风温润气候区，气候温和，热量丰富，雨量充沛。多种类型的土地、气候资源与生物资源相结合，有利于发展立体农业和绿色产业。农作物品种丰富，近 6000 个。粮食作物以水稻、玉米、小麦、薯类为主，名特优品种有黑糯米、香米、芸豆等；经济作物品种 780 多个，烤烟、油菜成为经济作物的重要支柱；贵州是茶树原产地之一，国家、部省级名优茶 40 余个。生物资源种类繁多。地方畜禽良种有思南黄牛、关岭黄牛、柯乐猪、香猪、贵州黑山羊、贵州白山羊、三穗鸭等 39 个；特种经济鱼类 10 余种；野

生植物 3800 多种，其中药用植物 3700 余种，占全国中医药品种的80%，是中国四大中药材产区之一；有珍稀植物 70 种，银杉、珙桐、秃杉、桫椤为国家一级保护植物；有野生动物资源 1000 多种，其中珍稀动物 83 种，黔金丝猴、华南虎、黑颈鹤等 14 种为国家一级保护动物；全省有林地 260.27 万公顷，宜牧草山坡 415 万公顷，人工改良草场 6.7 万公顷，天然牧草 1441 种；可养殖水面 4.67 万公顷。这些便利条件为贵州省推进农村产业革命提供了可能，也为贵州省开展立体农业奠定了基础。

同时，贵州省空气质量好，环境污染较轻，适宜发展生态农业。市场消费趋势决定了特色农业要取得市场竞争优势，其产品必须首先是无污染的安全、优质、营养类（绿色或有机）食品。贵州省境内对环境污染较大的化工、冶金等企业相对较少，农业现代化水平相对较低，农用化学品的施用量少。所以，水资源和土地资源受污染较轻，环境状况也明显优于发达省区甚至周边省区，是我国最适合发展无公害食品、绿色食品和有机食品的地区之一。

（五）原有的产业形态，为推进农村产业革命奠定了坚实的基础

农村产业革命，规模化是开拓市场的基础。贵州省委、省政府在认真分析、研判的基础上，明确提出以茶、食用菌、蔬菜、生态畜牧、石斛、水果、竹、中药材、刺梨、生态渔业、油茶、辣椒 12 大特色产业为主攻方向，加快推进农村产业革命进程。在 12 大产业规划发展提出前，贵州省在相关产业方面已经有了较好的发展基础。

茶产业：贵州省是我国目前茶园面积最大的省份，面积达 750 万余亩，形成了黔东北、黔西北、黔东南、黔中、黔西南五大产业带，茶园面积超过 10 万亩的县份达 31 个，其中 4 个县超过 30 万亩，茶园

面积有万亩的乡（镇）、村分别达到 230 个和 86 个。从种植范围上看，贵州的茶园 70% 集中在北纬 24~27 度之间的高原地带。这种高海拔、低纬度、少日照的独特气候和有机质、无公害的生态优势，赋予了贵州茶"翡翠绿、嫩绿香、浓爽味"的特质。同时，贵州把干净安全作为茶产业的生命线严防死守，在标准茶园建设、投入品管控、病虫害绿色防控、清洁化加工等方面，实行了多项严苛措施，织成了一张绿色保护大网。

食用菌产业：贵州省发展食用菌产业优势非常显著。首先，在气候方面，贵州省冬暖夏凉，空气湿润，光照适宜，雨热同期，立体气候明显，可实现多品种周年生产；其次，贵州省食用菌种质资源丰富，共有食用菌 22 科 72 属 268 种，主要特色品种有竹荪、冬荪、香菇、羊肚菌、美味牛肝菌、鸡枞菌、蜜环菌、桑黄菌等，贵州是竹荪、冬荪的著名产地；最后，贵州省食用菌菌材资源优势，借助于森林覆盖率高的优势，用材林的合理间伐，为贵州发展食用菌生产提供了丰富的低成本原材料资源。茶园、经果林等修剪的枝条每年约有 200 万吨，秸秆等原料近 4000 万吨，都为食用菌产业发展提供了基础原料。

蔬菜产业：贵州是农业部 8 个蔬菜重点区域中云贵高原夏秋蔬菜重点区域，具有得天独厚的自然、区位和交通条件，不仅气候、土壤等条件适合蔬菜生长，良好的生态环境条件更让贵州蔬菜具有有机、绿色、无公害的高品质特征，被誉为"贵州蔬菜，特色生态"。2018 年，全省调减低效籽粒玉米面积 785 万亩，替代种植经济作物面积 667 万亩，其中蔬菜替代种植 177 万亩，占全部调减面积的 26.5%，是替代面积最大的作物，为农业产业结构调整做出了重要贡献。蔬菜产业带动农户 1900 万人，人均增收 3253 元，其中带动贫困人口 87.6 万人，占当年全省贫困人口的三分之一，为农民脱贫和持续增收做出了重要贡献。目前，贵州蔬菜种植面积 2040 万亩，产量 2800 万吨，蔬菜种植业产值 806 亿元；蔬菜企业 256 家，合作社 17142 家；安顺山药、保田生姜、白旗韭黄、草海牌大白菜等 27 个蔬菜产品获农产品地理标志认证保护，全省无公害蔬菜产品认证 1929 个，绿色食品认证 39 个。

生态畜牧产业：贵州省生态环境优良、草山草坡资源丰富、养殖基础较好，发展生态畜牧业条件得天独厚。抓好贵州生态畜牧业既是经济社会发展的需要，也是助推脱贫攻坚的需要。具体来看，全省有各类草地 9674 万亩，天然草地可供饲用植物种类 1000 多种，每年有 4400 多万吨鲜草、1100 多万吨农作物秸秆和 600 多万吨藤蔓可供利用。贵州省已建成国家级、省级畜禽养殖标准化示范场 169 个，认证无公害畜产品 251 个，认定无公害畜产品产地 960 个，认证畜产品地理标志 7 个，注册畜产品商标数百个。兽药、饲料及畜产品检测总体合格率 95% 以上，近年未发生区域性重大动物疫情。香猪、黔北麻羊、长顺绿壳鸡蛋、山花、好一多牛奶、黔五福腊制品、永红牌牛肉干等一批畜产品品牌赢得市场青睐，在一定程度上树立了贵州优质畜产品品牌形象。

石斛产业：贵州省发展石斛产业首先在气候上比较适宜，贵州的海拔、气候、降水、温度等条件优良，适宜石斛生长，且品质上乘。黔西南、黔南等地的喀斯特山区和森林，曾是我国野生药用铁皮石斛的重要原产地。同时，发展石斛产业具有长期积淀的产业优势。20 世纪 90 年代，赤水市就开始大力发展石斛产业，种植面积从 200 亩左右发展到了现在的 9 万亩左右，先后荣获国家级金钗石斛生产基地、中国绿色生态金钗之乡等称号。荔波、安龙、乌当等地的铁皮石斛种植有一定的历史和基础，培养了一些技术能手和种植大户。

水果产业：贵州处于多种气候交汇的过渡性地带，光、热、水丰富，雨热同季，立体气候特征明显，可生产从南亚热带到温带的各类优质水果，是西南地区果树资源核心区。因昼夜温差大，水土气污染和农业投入品少，自然隔离条件好，生产的绿色有机果品兼具生态特色质优的优势，贵州优质果品也逐渐受到越来越多的消费者青睐。近年来，贵州依托生态、气候、资源优势，结合果园开展"清园"行动，推广绿色生产技术，打造了修文猕猴桃、罗甸火龙果、麻江蓝莓、水城红心猕猴桃、从江百香果、威宁苹果、镇宁蜂糖李、纳雍玛瑙红樱桃、玉屏黄桃等一批区域品牌，修文"7不够"和水城"弥你红"品牌已成功拓展了国内外市场。2019中国·贵阳国际特色农产品交易会组委会数据显示，贵州省的蓝莓、李生产规模居全国第一，猕猴桃、火龙果生产规模居全国前三。

竹产业：贵州省竹加工产业加快发展，呈现出有基础、有空间、有潜力的特点。竹加工产业主要分布在遵义市、铜仁市、黔东南苗族侗族自治州（以下简称"黔东南州"）等地，全省7家重点竹加工企业及300余家竹小微企业2018年实现产值约35亿元。

中药材产业：贵州素有"天然药物宝库"之称，是全国中药材四大主产区之一。在种质资源方面，据全国第四次中药资源普查，贵州省33个县共有药用植物资源5304种，全国排名第四位。丰富的种质资源优势为贵州发展中药材产业提供了良好的资源基础。在产品品质方面，得益于贵州独特的地理条件和温暖湿润的气候，生产的药材品质优异，市场美誉度高。在种植技术方面，贵州成立了省中药材标准化技术委员会，启动了60多个中药材品种种植标准制定工作。完成了《贵州省地道特色中药材规范化生产技术与基地建设》编撰及审阅修订工作，创建标准化、规模化珍稀药材种苗繁育基地，开展大健康产业扶贫省级示范基地和企业认定，认定了10个大健康产业扶贫省级示范基地、5个大健康产业扶贫省级示范企业，示范引领推动标准化生产。

刺梨产业：刺梨是云贵高原及四川西部高原特有的珍贵野生资源。

贵州是最早开发利用刺梨资源的省份，对其开发利用已有 400 多年的历史。近年来，贵州省刺梨加工企业数量多，科研有基础，具有资源独特性和经济价值。2018 年，贵州刺梨集中连片种植面积 155 万亩，种植规模全国第一。贵州也是全国唯一把刺梨野生变家种并大规模推广的省份。全省现有 15 个县开展了规模化刺梨种植，主产区分布在六盘水、黔南布依族苗族自治州（以下简称"黔南州"）、毕节市、安顺市。

生态渔业：贵州地处云贵高原，属亚热带湿润季风气候区，气候温暖湿润，气温变化小，冬暖夏凉，大部分地区年平均气温为 15℃ 左右。降水较多，雨季明显，年降水量 1300 毫米左右，常年相对湿度在 70% 以上。全省河网密布，长度在 10 公里以上的河流有 984 条。冬无严寒、夏无酷暑、雨热同季、温暖湿润的气候和丰富的地下水资源为贵州省发展特色渔业提供了得天独厚的养殖条件。全省有记录的鱼类 288 种，隶属 8 目 23 科 16 亚科 122 属，以裂腹鱼、小口白甲鱼为代表的地方土著鱼类 18 种，主要经济鱼类 44 种。2018 年，贵州省水产品产量 23.73 万吨，渔业经济总产值 61.03 亿元。鲟鱼养殖产量全国排名第三，稻田养鱼面积全国排名第六，创建了 2 个国家级稻渔综合种养示范区，打造了"贵水黔鱼""乌江鱼""稻花鱼"等品牌。

油茶产业：油茶既是贵州特色产业，又是潜力产业。首先，贵州的资源与生态优势决定了油茶产品的高质量，贵州油茶主要核心指标均好于外省油茶，具有极高的开发价值。种植区域主要是黔东南州（91.23 万亩）、铜仁（85.19 万亩）、黔西南布依族苗族自治州（以下简称"黔西南州"）（36.3 万亩）、黔南州（6.01 万亩），其他市州（33.27 万亩）主要分布在黎平、天柱、玉屏、石阡、册亨、望谟、锦屏、从江等 32 个县，约占全国油茶种植面积的 4.1%，获油茶有机认证产品 2 个，国家地理标志保护产品 1 个。由于油茶种植业是劳动密集型产业，近 80% 的投入是人工劳务。石阡县龙井乡猫寨村农民自发成立猫寨村农林专业合作社，全村 159 户农户全部加入合作社，辐射带动就业 800 余人，其中 22 户贫困户 89 人实现精准脱贫。因此，具备良好的群众基础。

辣椒产业：贵州气候温和，雨热、日照、温差适中，有利于营养和风味物质的形成和积累，适宜高品质辣椒生产；境内山地、丘陵、河谷、盆地交错，森林覆盖率高，生态环境条件优越，天然隔离条件好，是发展绿色、有机辣椒的理想场所。独特的生态、气候和环境条件，加上丰富的特色品种资源和特色育种工作的加强，特色品种与独特的产地环境结合，形成了贵州辣椒突出的、不可替代的特色。以遵义朝天椒为代表，贵州辣椒以品味温醇、香辣协调著称。目前，已形成了以全国最大的辣椒基地遵义为龙头的南北两大辣椒产业带，并以虾子辣椒专业市场为龙头，带动各主产区中心市场，形成了全国最大的辣椒市场和流通体系。并且形成了以全国最大的辣椒加工企业"老干妈"为龙头的加工企业集群，打造了"虾子辣椒"和"遵义朝天椒"等地理标志产品。

二、贵州农村产业革命面临的问题

尽管贵州省推进农村产业革命具有较好的基础，为其顺利实施提供了有效保障，但总体来看，贵州省农村产业革命也面临着诸如技术、市场、脱贫攻坚等现实性困难，理顺贵州农村产业革命面临的问题，对于指导下一步农村产业革命的方向至关重要。

（一）第一产业对 GDP 增长的拉动低，且具有明显的"西北高、东南低"地区差异

首先，贵州省地区生产总值占全国比重较低，且与发达地区相比

相差较大。中华人民共和国成立以来，贵州省经济发展受地理、历史等因素影响，始终处于全国落后地位。经济发展水平虽然取得了显著进步，但是从全国来看，占比较低，处于西部 12 个省份中的中下游，更是处于全国下游水平。表 2-2 中的数据显示，2000 年以来，贵州省地区生产总值由 1029.92 亿元增长至 2018 年的 14806.45 亿元，增长了 14.38 倍。但是，贵州省地区生产总值占全国的比重却始终保持着相对稳定的水平，2018 年，贵州省地区生产总值也仅占全国地区生产总值的 1.64，位于 31 个省份（港澳台除外）的第 25 位，处于下游水平。就西部 12 个省份①排名来看，也只是处于第 7 位，发展水平相对滞后。与经济发达省份（广东省）相比，2018 年，广东省地区生产总值是贵州省的 6.57 倍，从占全国 GDP 比重来看，贵州省与广东省相差 9.16 个百分点，差距较为明显。

表 2-2　2000 年以来贵州省地区生产总值情况

年份	地区生产总值（亿元）	占全国比重（%）	在全国排名	占全国比重与广东省的差距（%）	在西部 12 个省份中排名
2000	1029.92	1.04	27	8.78	8
2005	2005.42	1.08	26	9.80	8
2010	4602.16	1.12	26	11.05	8
2011	5701.84	1.18	26	10.09	8
2012	6852.20	1.28	26	9.83	8
2013	8086.86	1.37	26	9.35	8
2014	9266.39	1.44	26	9.25	8
2015	10502.56	1.54	25	9.12	7
2016	11776.73	1.60	25	9.12	7
2017	13540.83	1.65	25	9.37	7
2018	14806.45	1.64	25	9.16	7

数据来源：国家统计局。

---

①　按照国家统计局关于区域划分的标准，西部地区包括内蒙古自治区、广西壮族自治区、重庆市、四川省、贵州省、云南省、西藏自治区、陕西省、甘肃省、青海省、宁夏回族自治区和新疆维吾尔自治区（下同）。

其次,第一产业增加值对地区生产总值的拉动低。图 2-9 中的数据显示,2008 年以来,贵州省第一产业增加值对地区生产总值增长的拉动低,并未对地区经济增长做出足够贡献。2017 年,贵州省第一产业增加值对 GDP 增长的拉动为 1.0,而第二产业增加值、第三产业增加值对 GDP 增长的拉动分别达到了 4.0 和 5.2。由此表明,贵州省第一产业对经济增长的贡献有限,对于经济增长的拉动效应并不明显,贵州省要借助山地农业的优势,实现对地区经济增长的贡献,需要采用超常规方式,仍需下大功夫。

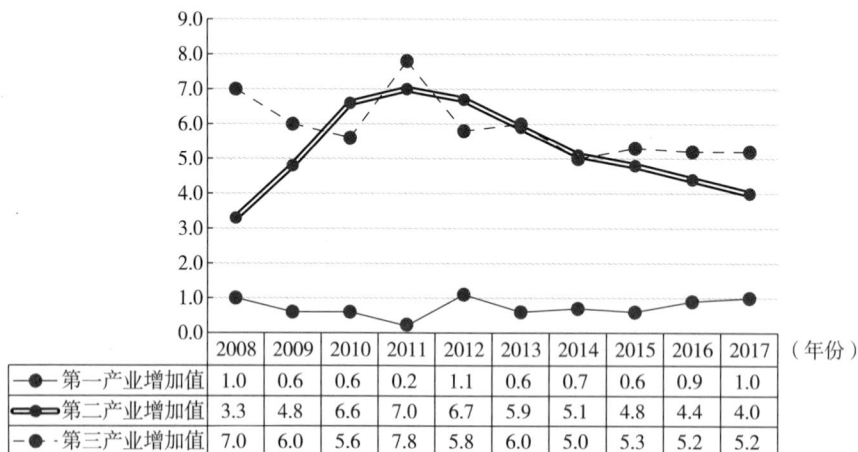

	2008	2009	2010	2011	2012	2013	2014	2015	2016	2017	(年份)
第一产业增加值	1.0	0.6	0.6	0.2	1.1	0.6	0.7	0.6	0.9	1.0	
第二产业增加值	3.3	4.8	6.6	7.0	6.7	5.9	5.1	4.8	4.4	4.0	
第三产业增加值	7.0	6.0	5.6	7.8	5.8	6.0	5.0	5.3	5.2	5.2	

图 2-9　2008~2017 年贵州省三产对地区生产总值增长的拉动

数据来源:历年《贵州统计年鉴》。

最后,省内地区生产总值呈现明显的"西北高、东南低"地区差异。贵州省各市州区域经济内部差异明显,各市州之间的经济发展水平不均衡。其中,贵阳市作为贵州省省会城市,聚集了全省人、财、物等优势,交通便利,是全省经济政治中心,经济发展基础好,经济发展处于全省最高水平。

就全省区域来看,贵州省经济发展呈现由西北向东南逐渐减低的趋势。其中以 2017 年各市州地区生产总值来看,图 2-10 中的数据显示，贵阳市 2017 年实现地区生产总值 3537.96 亿元，位于全省首位。而遵义市和毕节市的地区生产总值分别为 2748.59 亿元和 1841.61 亿元，位于第二、第三位。但是，贵州省东南地区的黔南、黔东南和黔西南的经济发展水平相对落后。就第一产业增加值指标来看，2017年，遵义市第一产业增加值最高，为 402.34 亿元，而毕节市和铜仁市分别位于第二位和第三位，分别达 378.61 亿元和 219.73 亿元。

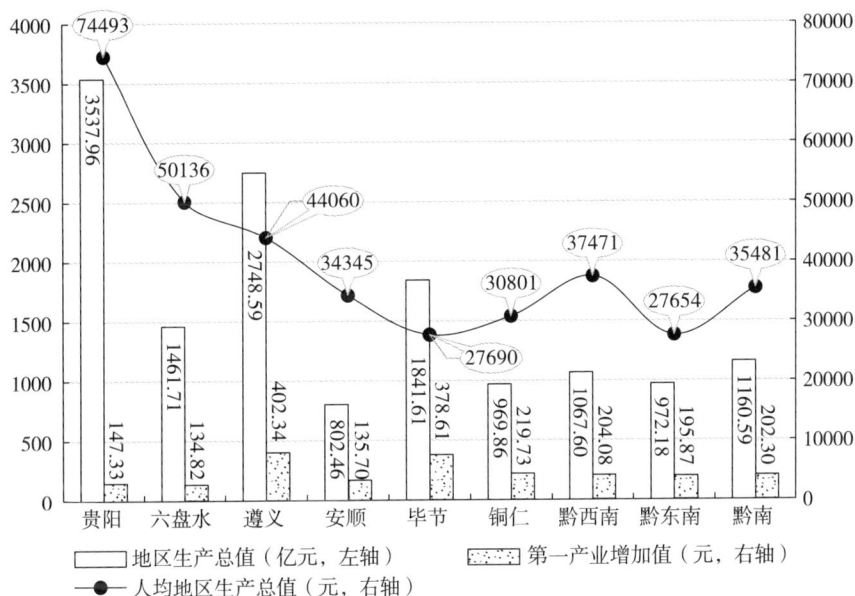

图 2-10 2017 年贵州省各市（州）地区生产总值情况

数据来源：《贵州统计年鉴 2018》。

（二）农业生产面临着技术和市场瓶颈

科技创新在农业发展中具有根本的推动作用，伴随着经济全球化的进一步深入，许多国家纷纷采取增加投入、改革体制和组织重大科技行动等措施，加速农业科技进步与创新。这样既可以提高农业资源的利用效率，又可以在很大程度上降低农业生产成本。科学技术使得越来越多的农业机械设备使用智能技术,可以有效提高劳作效率,提高资源的利用率,降低生产成本。在技术方面,贵州省农业技术服务支撑作用小,服务能力亟待提高。目前,贵州省基层技术服务水平普遍不高,经费投入不足,市场化运作程度低,设施设备欠缺,基层农技人员尽管身处乡村,但工作多且杂,农业技术应用和解决技术问题等能力弱,基层人才缺乏,经费投入、理论水平和实操能力亟待提升。

同时,农业科学技术支撑作用小,科研经费投入亟待提高。习近平总书记指出,农业出路在现代化,农业现代化关键在科技进步。而农业科技进步又取决于技术创新,作为推进农业农村现代化和转化农业新技术的最活跃因素,应该充分尊重农民在农业新技术应用中发挥的主导作用。目前,贵州省农业科技投入和成果转化率低,农业科技对农业产业发展作用小。要发挥现代农业科技对农业的支持作用,提升农业竞争力,不仅需要引进和培育实力雄厚的农业科研企业,还需要加大对农业科研的投入力度,加快农业科技研究、新品种培育、成果转化等的速度。

在市场方面,农业龙头企业带动能力弱,市场经营主体培育力度亟待加强。贵州省龙头企业和合作社实力不强,带动能力有限,全省龙头企业数量少、规模小,合作社数量多但有实力的少,大多数经营主体处于起步阶段,生存能力弱,扶贫产业小、散、弱的现象依然存在。同时,消费对产业带动作用小,产销衔接力度亟待加强。目前,贵州省正大力调减低效籽粒玉米种植面积,增加高效经济作物种植面积,结构调整以后大规模的蔬菜、食用菌、水果等农产品集中上市,将面临较大的销售压力,不仅需要提高农产品质量,更需要根据省内外目标市场需求安排生产、组织流通和销售。

(三)农民持续增收难度加大,且城乡居民收入差距明显

全面建成小康社会,难点在农村,关键在农民。增加农民收入是

"三农"工作的中心任务,事关农民安居乐业和农村和谐稳定,事关巩固党在农村的执政基础,事关经济社会发展全局。2016年,国务院办公厅印发《关于完善支持政策促进农民持续增收的若干意见》,对下一阶段农民增收问题提出了具体指导意见。可以说,历年来,党中央、国务院高度重视农民增收问题。习近平总书记指出,增加农民收入是"三农"工作的中心任务,是检验农村工作实效的重要尺度,具体来说,就是看农民的钱袋子鼓起来没有。李克强总理也多次作出重要批示,要求对促进农民持续增收拿出长远和系统考虑。

但近年来,伴随着城镇化和工业化的推进,农民收入来源已经不再单纯依靠家庭经营性收入,而是更多地依靠工资性收入,且这种趋势越来越明显。图2-11中的数据显示,1978年以来,贵州省农村常住居民人均可支配收入取得了明显改善,由1978年的109.3元,增加至2017年的8869.10元,提高幅度十分显著。但是,从总体趋势来看,特别是2011年以来,农村居民人均可支配收入的增速出现下滑,且下降较为明显。2017年,农村常住居民人均可支配收入较2016年增长8.9%,这表明,在经济发展新常态下,农民持续增收的难度逐年加大。

从另外一个角度来看,农村居民人均可支配收入的来源越来越依靠工资性收入,而这种依赖农民离开农业农村,到城里去打工的农民增收模式,是难以持续的。表2-3中的数据显示,尽管2013年以来,贵州省农村居民人均可支配收入来源中,工资性收入与家庭经营收入相差不大,但是从占比来看,2013年以来,工资性收入占人均可支配收入中的比重在缓慢上升,由2014年的37.79%上升到2017年的41.00%(注:2013年占比38.67%)。而家庭经营收入则开始出现缓慢下降,由2013年的43.36%下降到2017年的37.04%。其中,农业收入更是由2013年的51.78%下降到2017年的37.04%,下降了

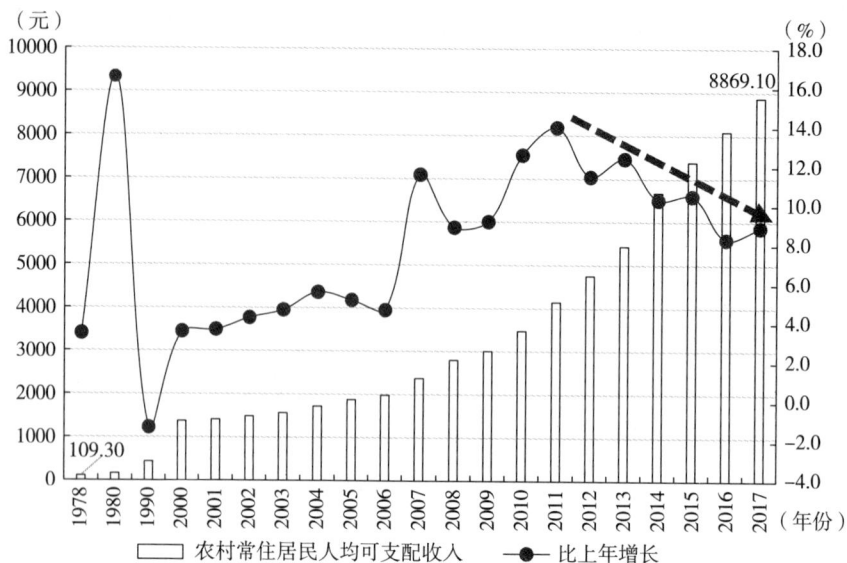

图 2-11　1978~2017 年贵州省农村常住居民人均可支配收入

数据来源：《贵州统计年鉴 2018》。

14.74 个百分点。由此表明，农民增收难以依靠传统家庭经营收入，而是更多地转向工资性收入，但这种方式并不持久。

表 2-3　2013~2017 年贵州省农村居民人均可支配收入来源

单位：元

年份	2013	2014	2015	2016	2017
工资性收入	2573	2521	2897	3211	3636
家庭经营收入	2356	2643	2879	3116	3285
其中：农业收入	1220	1193	1242	1231	1253
转移性收入	427	1436	1527	1696	1856
财产性收入	78	71	84	67	92

数据来源：《贵州统计年鉴 2018》。

从城乡居民收入差距来看，城乡收入差距是造成我国收入差距扩大的主要原因。图 2-12 中的数据显示，2013 年以来，无论是全国层面还是贵州省，城乡收入差距都没有表现出明显缩小趋势。2013 年，全国城乡收入差距为 2.81，一直到 2018 年，该指标仍没有显著缩小；

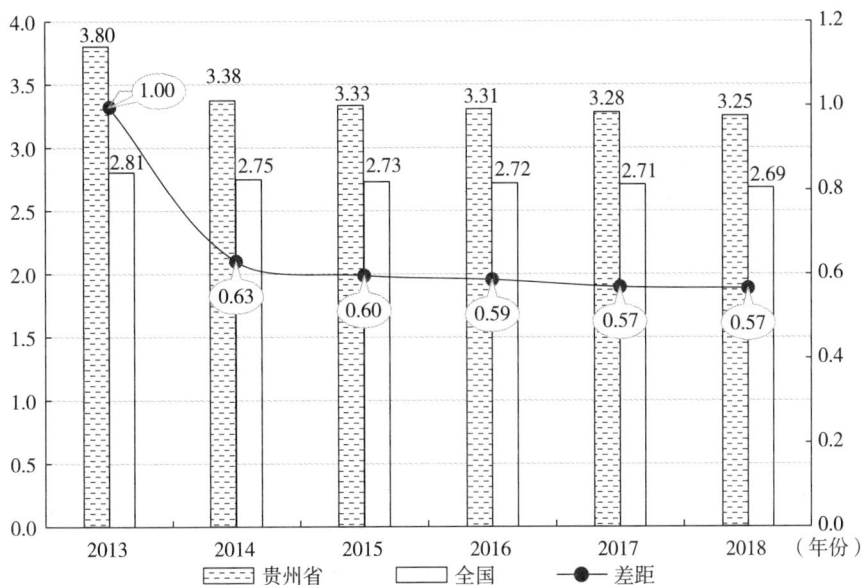

图 2-12　2013~2018 年贵州省和全国城乡居民收入比

数据来源：《贵州统计年鉴》、国家统计局。

而贵州省城乡收入差距则高于全国水平。2013 年，城乡收入差距为 3.80，此后一直到 2018 年，都维持在 3.25 的较高水平。贵州省城乡居民收入差距大，这在一定程度上对贵州省的经济和社会以及农村居民生活水平的提高产生了负面影响。究其原因，主要在于改革开放以来，在市场经济条件下，实施效率优先原则，虽然经济得到快速增长，但收入差距也不断扩大，贵州省的经济增长主要以物质资本推动为主，资本收益率较高，在城乡人均资本初始分配不公的前提下，扩大了收入差距。同时，贵州省处于工业化初期，资本要素相对稀缺，如果政府为缩小收入差距，以降低资本回报率而提高劳动者报酬的方式来缩小收入差距，势必造成资源配置失效，不利于经济增长。①

（四）对外开放力度有待进一步加大，亟待统筹国内国外两个市场

我国农业对外贸易是对外开放的重要内容和必然结果，是农业发展突破资源和市场约束，更加充分有效利用国际市场和资源的必然要求，更是加快农村实现小康的客观需要。贵州位于西南交通枢纽的中心，是川黔、贵黔、滇黔、湘黔以及南昆五大铁路干线的必经之地，也是西南地区出海通道的必经之地，还是商品的集散和物流中心。在国家发展战略中，"一带一路"倡议也为贵州发展带来了新机遇。近年来，贵州省加大了对外宣传力度，在进出口贸易中表现良好，2017年实现进出口总额81.28亿美元，较2016年增长46.8%。但是，从西部省份和全国层面来看，贵州省进出口总额仍处于下游水平。在进出口总额指标上，贵州省位于西部12个省份中的第8位，在全国排名第27位，属于下游水平。而从出口额指标来看，2017年贵州省出口额达57.77亿美元，位于西部12个省份中的第7位，在全国排名第23位；从进口额指标来看，2017年贵州省进口额仅为23.51亿美元，位于西部12个省份中的第9位，在全国排名第28位（见表2-4）。由此表明，贵州省对外开放的力度不大，对于国外市场的利用程度较低，很难在农业对外贸易中实现优势发展。

在贵州省对外贸易结构上，贵州省货物进出口的类型依旧以资源和劳动密集型等传统产业为主，高端制造业和信息技术等技术密集型产业的进出口总额不高，导致了贵州省行业结构层次较低，增长方式粗放，最终产品竞争力不强。总体而言，贵州省的对外贸易仍然处于

---

① 刘开华，彭诚，陈红玲.贵州城乡收入差距的演进及决定因素分析［J］.西北人口，2013，1（34）：96-101.

起步阶段，对外商的利用程度和深度仍不足。

表2-4　贵州省2017年进出口总额及在西部和全国的位次

单位：亿美元

类别	进出口总额	位次	出口额	位次	进口额	位次
全国	41044.75	27	22634.90	23	18409.85	28
西部	3097.7	8	1783.8	7	1313.9	9
贵州	81.28	—	57.77	—	23.51	—

数据来源：《贵州统计年鉴2018》。

（五）脱贫攻坚任务依旧严峻，脱贫攻坚成效亟待巩固

尽管贵州省在脱贫攻坚战中取得了显著成效，但由于贵州省贫困人口基数大，贫困发生率高、贫困面大和贫困程度深等原因，导致了贵州省实现全省脱贫的难度巨大。截至2018年2月，全国扶贫开发信息系统统计显示，贵州省剩余贫困人口280.32万人，是全国贫困人口最多的省份之一。其中毕节市贫困人口最多，达72.46万人；贫困人口超过10万人的县有威宁县、水城县、织金县、纳雍县、赫章县5个县。此外，贵州省贫困发生率高。2017年末贵州省预计贫困发生率7.75%，高于全国3.1%约4.65个百分点。其中黔东南州贫困发生率最高，达13.6%。在国家确定的"11+3"集中连片特困地区中，涉及贵州省的有武陵山区、乌蒙山区、滇桂黔石漠化区三大片区；全省88个县（市、区）中有贫困县66个（其中国家扶贫开发工作重点县50个和片区贫困县16个）、贫困村9000个；是全国贫困县数量最多的省份之一。由此导致了贵州省深度贫困地区和特定贫困群众是剩余的"硬骨头"，脱贫难度大。截至2017年，全省有14个深度贫困县、20个极贫乡镇和2760个深度贫困村，贫困人口42.66万户、156.65万人，占全省贫困人口的55.9%。

　　在脱贫攻坚成效的巩固上，一些地方存在识别、帮扶、退出不精准的问题；各地执行的现行扶贫标准有差异，脱贫质量还需要提高；扶贫领域作风建设需要加强，一些地方精准扶贫能力、基层组织带领贫困群众脱贫致富的能力还需要提升；基层对扶贫与扶志扶智相结合的认识还不够，贫困群众内生动力没有得到全面有效激发。此外，脱贫攻坚还存在一些风险隐患。脱贫攻坚工作中，产业扶贫面对市场的风险，易地扶贫搬迁稳不住融不进的风险，贷款偿还的风险，贫困户入股分红的风险等，依旧不同程度地存在。同时，精准扶贫、精准脱贫政策在一些方面存在矛盾和隐患，需要引起各地的重视并进行有效防范。①

---

　　① 资料来源：贵州省扶贫办座谈材料；党的十八大以来贵州脱贫攻坚工作情况汇报（2018 年 2 月 24 日）。

第三章

农村产业革命的意义

本章讨论农村产业革命对贵州省脱贫攻坚、全面建成小康社会和实现乡村振兴的重要意义。贵州省是全国脱贫攻坚主战场之一，打赢脱贫攻坚战、决胜全面建成小康社会、实现农业农村现代化任务更加艰巨、时间更为紧迫。对于农业生产条件恶劣、乡村发展基础薄弱和农村贫困问题相较于全国其他地区更为突出的贵州来说，没有超常规举措难以实现。"来一场振兴农村经济的深刻的产业革命"的提出，是在中国特色社会主义进入新时代的大背景下，深刻把握历史规律和农业农村发展要求，立足贵州农业农村实际作出的必然选择和重大举措，是贯彻习近平总书记关于"三农"重要论述的深入实践，对于欠发达地区打赢脱贫攻坚战、决胜全面建成小康社会、探索实施乡村振兴战略具有重要的意义。

一、农村产业革命是贵州省推进农业供给侧结构性改革、实现农业高质量发展的战略举措

农业供给侧结构性改革和农业高质量发展是立足我国农业发展主要矛盾转换提出的发展思路的重大调整。习近平总书记在 2016 年中央经济工作会议中对我国农业主要矛盾变化作出了科学判断，即"新形势下农业主要矛盾已经由总量不足转变为结构性矛盾，主要表现为阶段性的供过于求和供给不足并存"。推进农业供给侧结构性改革，是要在确保国家粮食安全的基础上，以市场需求变化为导向，以农民增收、保障有效供给为主要目标，以体制改革和机制创新为根本途径，通过优化农业产业体系、生产体系、经营体系，提高土地产出率、资源利

用率、劳动生产率，促进农业农村发展由过度依赖资源消耗、主要满足数量的需求，向绿色发展、更加注重满足品质的需求转变。因此，推进农业供给侧结构性改革，是我国农业农村发展思路的重大调整，即从主要解决农产品短期数量平衡问题转向促进数量平衡的同时注重质量效益提升和可持续发展，从主要考虑农业生产结构问题转向调整生产结构的同时优化产业结构和经营结构以促进农民增收，从突出提升农业生产力转向发展生产力的同时注重体制改革以增强内生动力。

农村产业革命，是在全国深入推进农业供给侧结构性改革的宏观背景下，立足于贵州农业农村实际情况提出的"贵州方案"，在提高农业质量和效益、增加农民收入、促进农业绿色发展等方面具有重要意义。

（一）农村产业革命有助于贵州优化农村产业结构

贵州省是我国耕地资源十分稀缺、农业生产条件相对恶劣的地区。"八山一水一分田"是全省地形地貌的真实写照，山多地少，大部分农民祖祖辈辈种的是苞谷、洋芋、稻谷"老三件"，尤其是旱地种玉米多，效益很低。产业不兴，腰包不鼓，农业产业结构的落后是农村贫困落后的一个重要原因。

在保障粮食安全的目标导向下，贵州省农业主要以玉米、稻谷、小麦等传统粮食作物种植为主，果蔬、茶、药材等经济作物发展十分缓慢。2011~2016 年，贵州省粮食种植面积始终维持在 4500 万亩以上，占全省耕地面积的 66.4%。其中，玉米种植面积保持在 1100 万亩以上，约占全省耕地面积的 16.2%；稻谷种植面积保持在 1000 万亩以上；小麦种植面积稳定在 360 万亩以上。尽管贵州省近年来在不断调整农业生产结构，果蔬、茶、药材等种植面积有所增加，但效果并不明显。这种传统的农业发展模式，既难以突出贵州省的资源禀赋特点，又与新形势下消费者需求升级相脱节，更难以促进农民收入增加。

立足资源禀赋和区位优势、明确区域产业发展定位和主攻方向是农业供给侧结构性改革的重要一环。"产业选择"是贵州农村产业革命"八要素"的基础性工程。贵州省大力调减低效的传统作物尤其是玉米的种植面积，根据市场需求和各地区资源禀赋，突出山地特色、生态优势精选主导产业，在全省选择了茶叶、食用菌、蔬菜、生态畜牧、石斛、水果、竹子、中药材、刺梨、生态渔业、油茶、辣椒12个重点产业作为主导产业，从组织领导、政策支撑、资金信贷等方面集全省之力大力支持。

农村产业革命实施以来，贵州省农村产业结构调整取得了显著的成效。在种植业结构调整方面，2018年全省调减玉米种植面积785.19万亩，增加高效经济作物666.67万亩。全省蔬菜种植2040万亩（次），同比增长20.9%；食用菌种植20.3万亩，同比增长91.5%；水果面积746万亩，同比增长25.6%；中药材面积684万亩，同比增长18.1%；投产茶园面积561万亩，同比增长6.5%。茶叶、辣椒、火龙果种植规模居全国第一位，马铃薯种植规模位居全国第二。经济作物比重提高2个百分点，粮经作物面积比调整到35：65。在生态畜牧业方面，2018年肉类总产量达到211万吨，同比增长1.65%；生态家禽出栏2.1亿羽、禽蛋产量29.2万吨，同比分别增长42.9%、23.7%。在乡村产业融合发展方面，全省规模以上农产品加工企业达到1537家，规模以上农产品加工业增加值增长11%，农产品加工转化率达49%；全年休闲农业和乡村旅游主营业务收入达90亿元，同比增长11%。

（二）农村产业革命有助于优化贵州省现代农业生产体系

现代农业生产体系是现代农业生产力发展水平的显著标志，现代农业生产体系要求通过现代物质装备武装农业、现代科学技术服务农业、现代生产方式改造农业，以实现农业发展从拼资源、拼消耗向依靠科技创新和提升劳动者素质转变，不断提升农业资源利用率、土地产出率和劳动生产率，增强农业综合生产能力和抗风险能力。

与全国其他地区相比，贵州省在推进现代农业生产体系建设的过程中，既面临其他地区普遍存在的共性问题，也存在着明显的缺陷和短板，受特殊的地形地貌约束，改造农业生产基础设施的成本更为高昂、困难更加突出。全省以山地和丘陵地貌为主，约占全省总面积的92.5%，耕地破碎、连片平整的土地少，5000 亩以上集中连片大坝158.5 万亩，仅占耕地面积的2.3%；耕地质量差、中低产田土比重较大，根据耕地地力汇总与质量评价结果，按照 15 个国家耕地质量标准，贵州省没有 1~7 等的优质耕地，8~9 等的耕地仅有 658 万亩。

由于山区自然条件的限制，贵州基础设施投入成本数倍于平原地区。近年来，贵州省农业基础设施投资迅速增长，但由于历史欠账太多和总体投入不足，相对于东部地区，基础设施投入仍显不足。农业基础设施建设仍然是制约贵州省现代农业发展的短板，突出表现在以下几个方面：一是灌溉性水源工程缺乏，农田灌溉最后一公里问题突出，有效灌溉面积仅占全省耕地面积的 30% 左右；机耕道路、生产便道配套严重不足，高标准农田比例小；主要农作物耕种收综合机械化水平低，产地市场、冷链物流和农产品加工等配套设施建设滞后，农业生产现代化装备条件差。二是农业科技支撑能力亟待提高。贵州省农业科技进步贡献率约为 45%，比全国平均水平低 11 个百分点。农业科研的总体水平不高，农业科技创新与成果转化能力较弱，科技的支撑引领作用与产业发展的迫切需求之间差距大的问题依然未得到很好解决。服务特色优势产业重点领域、关键环节的先进生产技术集成创新、示范推广和成果转化不足，特别是品种选育、品质研究和产品开发等成套技术的研发与推广力度较弱。农业科技人才队伍建设水平较低，缺乏领军人才，基层农技推广体系薄弱，社会化服务体系不健全，农民科技素质总体偏低。

此外，由于特殊的地理位置和地形地貌，贵州省生态环境脆弱。贵州位于长江和珠江中上游，是两江的重要生态屏障，生态建设关系到国家生态安全的大局。在典型的亚热带喀斯特和山地高原特征下，贵州地貌起伏大、切割强、类型复杂，区域性差异显著。在高原、山地和喀斯特三重脆弱生态环境的叠加作用下，贵州农业自然环境极为恶劣，土地破碎、土壤贫瘠、水土流失严重，石漠化面积大、程度深、危害重、修复困难，干旱洪涝等自然灾害频发。贵州省石漠化现象严重，是全国石漠化面积最大、等级最齐、危害最严重的省份。由于生存和发展压力，山区农民毁林开荒式的过度开发，进一步加剧了生态环境的破坏，使农业的自然基础更加脆弱，农业生态系统处于不稳定状态。因此，贵州现代农业的发展必须在保障经济效益、社会效益的同时，兼顾生态效益，这对于贵州农业现代化而言，提出了更高的要求和更多的挑战。

如上所述，贵州省缺乏发展以规模化、机械化、设施化为主要特征的现代农业的良好自然条件，因而不能依靠传统的思维和常规路径发展现代农业，必须重新探索、另辟蹊径，发展贵州特色的现代山地高效农业。

贵州农村产业革命以"坝区"为突破口，强化"资金筹措"和"技术服务"，不断优化现代农业生产体系。平坦肥沃的坝区弥足珍贵，是发展现代农业的优势地区，同时也是农村产业革命的着力点。为此，贵州省专门出台了《关于500亩以上坝区农业产业结构调整的指导意见》，明确将对全省坡度小于6度、面积500亩以上的种植土地大坝进行农业产业结构调整，以期将坝区建设成为贵州省农业现代化的"样板田、科技田、效益田"。贵州省以 1641 个 500 亩以上坝区（占全省耕地总面积的 7.2%）为突破口，调减低效作物种植，发展优质水稻、蔬菜、草本中药材等市场需求旺盛的高效经济作物。以 500 亩以上坝区作为农业基础设施建设的依托，以农业水利设施为重点，建设旱涝保收、高产稳产的坝区高标准农田，提高耕地质量，增强耕地生产能力和抗灾能力；以轻简化、机械化、集约化为重点实行标准化生产，进行统一供种、统一耕播、统一水肥管理、统一病虫防治、统一机械收获。

农业生产技术是实施农村产业革命的重要支撑。高效经济作物替代低效粮食作物不仅意味着生产内容的改变，同时要求生产方式的变革。农户传统经营的玉米等作物，靠的是千百年来积累的生产经验；作物替代需要培训新型农民并且强化技术服务供给。基于此，贵州省为每一个选定的主导产业建立了工作专班，将高校和科研院所的科技人才纳入其中，围绕特色优势产业的重点环节，构建了"产学研用"联合协作机制，实现了问题就地攻关、技术就地集成、成果就地转换。同时，加强技术推广服务和农民技能培训，为群众提供育种育苗、田间管理、疫病防治等全过程技术服务。

资金是农业生产体系建设的重要保障。贵州省将"资金筹措"作为实施农村产业革命"八要素"的重要内容，不断加大政策支持、金融支持力度，引导社会资金流向现代高效农业。为了引导和鼓励各方力量参与坝区产业结构调整，贵州省委省政府出台了《支持新型农业经营主体推进 500 亩以上坝区农业发展的意见》等政策，支持方式包括产值奖补、基础设施建设奖补、配套支持政策三个方面。

农村产业革命开展以来，贵州省农业高质量发展取得了显著的进展。全省农产品质量安全监督抽查合格率达 97% 以上，主要农作物耕种收综合机械化率达 36.3%，中央农机购置补贴资金 3196.6 万元，带动社会资金投入 1.36 亿元，购置农机具 3.31 万台（套），受益农户 2.58 万户。绿色兴农实现新突破，绿色发展模式得到全面推广，主要农作物病虫害绿色防控覆盖率达 30%，农药利用率达 38%，全省农药施用量同比减少 0.6%，实现负增长。畜禽粪污综合利用率达 64%，农作物秸秆综合利用率达 76%。无公害绿色有机农产品大省建设任务成效显著，新增认定无公害农产品产地 1536.1 万亩、农产品 2540 个，绿色食品 88 个，地理标志农产品 18 个；全省有效期内"三品一标"种植面积达到 4706.2 万亩，占全省耕地面积的 68.9%，"三品一标"产品 6771 个，提前两年完成建设无公害绿色有机农产品大省的任务。

（三）农村产业革命有助于增强贵州省农业经营体系

现代农业经营体系是现代农业组织化程度的显著标志，通过培育新型农业经营主体和服务主体、构建职业农民队伍等方式解决"谁来种地"和如何提升经营效益等问题。传统小农经济模式，产业难以做大做强，也难以在市场竞争中立足，决胜脱贫攻坚、同步建成小康就会更加困难。目前，贵州省新型农业经营主体实力亟待增强。新型经营主体数量少、规模小、实力弱，产业化经营水平和农民的组织化程度低。全省 543 家省级以上重点龙头企业中，国家级只有 25 家，仅占全国的 2%；销售收入超 5 亿元的仅有 8 家，最大的企业也不过 54 亿元，不及国内一些优强企业的 1/15。农民专业合作社质量不高、运行不规范，家庭农场和专业大户的发展还处于起步阶段，新型职业农民数量不足。

农村产业革命实施以来，贵州省以园区建设为平台，大力培育龙头企业、农民合作社、新型职业农民等新型农业经营主体，使其成为农村产业革命的重要推动力量。新增省级高效农业示范园区 33 个，实现优势特色产业和县域全覆盖。园区完成投资 1377 亿元，综合产值

2420 亿元，入园企业达 5433 家，培育农民合作社 6257 家，园区从业农民 504 万人，产业新增带动贫困人口 71.6 万人。园区农民人均可支配收入高出县域农民可支配收入平均值 30% 以上。农业招商签约项目 480 个，到位资金 170.8 亿元。创建国家现代农业产业园 3 个，其中水城县现代农业产业园获得全国首批"国家现代农业产业园"认定，支持创建产业兴村强县 20 个，带动创建产业强寨 180 个。稳步推进"两区"划定工作，完成划定面积 2013 万亩，占划定任务的 94%；获得省级以上名牌产品、著名（驰名）商标的龙头企业达 249 个，"虾子辣椒""兴仁薏仁米""威宁马铃薯"荣获中国百强农产品区域公共品牌，培育形成长顺绿壳蛋鸡、乌蒙乌骨鸡等区域性公共品牌 37 个。

二、农村产业革命是贵州省打赢脱贫攻坚战、同步建成小康社会的迫切需要

到 2020 年全面建成小康社会，是党向人民、历史作出的庄严承诺，打赢脱贫攻坚战是全面建成小康社会的底线任务。习近平总书记强调，"全面建成小康社会最艰巨最繁重的任务在农村、特别是在贫困地区。没有农村的小康、特别是没有贫困地区的小康，就没有全面建成小康社会"。

与全国同步建成小康社会，是贵州省必须迈过去的坎。长期以来，贵州省一直是我国脱贫攻坚的主战场，涉及贫困人口最多、贫困面最大、贫困程度最深。尽管党的十八大以来，贵州省决战脱贫攻坚取得了显著成效，五年来累计减少贫困人口 589.88 万人，贫困发生率从 2013 年的 21.3% 下降至 2018 年底的 4.29%，减贫人数全国最多，但截至 2018 年底依然有 155 万贫困人口。由于资源条件差、发展底子薄、经济实力弱、人均收入低，贵州省全面建成小康社会，与其他地

区相比，难度更大、需要加倍付出努力，而其关键在于强化产业发展，发挥产业的带动效果。

（一）农村产业革命有助于农村产业发展

产业发展是打赢脱贫攻坚战、决胜同步小康的关键，也是贫困群众脱贫进而稳定致富的根本之策。农村产业革命将产业扶贫作为巩固提升脱贫成果的重要措施。打好调减玉米种植面积硬仗，结合农业产业结构调整，已退出贫困的地区结合当地资源禀赋和经济社会发展实际，大力发展茶叶、蔬菜、食用菌、精品水果、中药材、生态养殖等特色产业，因地制宜选择好主导产业，建立健全产业扶贫利益联结机制，大力抓好农产品产销对接，大力培育壮大农业经营主体，不断扩大产业扶贫项目对贫困群众的覆盖面。

贵州农村产业革命以供给侧结构性改革为主线、以市场需求为导向，重塑了现代农业产业体系、优化了生产体系、增强了经营体系，奠定了农村产业发展的基础，为稳定脱贫奠定了良好的产业基础。

（二）农村产业革命有助于农村居民持续增收

农村产业革命的目的，是要让农民得到实惠、持续增收。贵州省推进农村产业革命的过程中，不断创新农户与龙头企业、新型经营主体的利益联结机制，明确企业、合作社、村集体、农民在产业链、利益链中的环节和份额，帮助农民稳定获得订单生产、劳动务工、反租倒包、政策红利、资产扶贫、入股分红等收益，推进资源变资产、资金变股金、农民变股东"三变"改革，充分激活农村资源要素，努力在改中求变、在变中求进，助推农业增效、农村繁荣、农民增收。

一方面，把龙头企业、基地、农户各种生产要素组合好、配合好，确保农户与龙头企业、新型农业经营主体"联得上"，向规模、品牌、市场要效益，建立科学合理的利益分配格局，不断提高农民积极性，实现生产效益最大化。另一方面，牢牢把握结构调整"八要素"，充分理解其中相互连结、相互作用的关系，把市场因素和制度优势结合起来，深入研究产业链、价值链，做到认识上、方法上都"结得上"。此外，发挥政府在农户和企业"利益共同体"中的服务和监督功能，在培育造就职业农民队伍、规范引导市场环境、农村土地经营权有序流转等方面积极作为，为企业发展壮大创造良好的政策和成长环境；要求领导干部会"算账"、勤"算账"，弄清搞懂一项产业的加工流通、上游下游产业等环节，把效益估准、预期收益搞明白，在按照市场规律抓好经营管理的同时，多给农户利益份额，确保农民利益不受侵害。

三、农村产业革命是贵州省实施乡村振兴战略、推进农业农村现代化的重要抓手

党的十九大报告提出，要坚持农业农村优先发展，按照产业兴旺、生态宜居、乡风文明、治理有效、生活富裕的总要求，建立健全城乡融合发展体制机制和政策体系，加快推进农业农村现代化。这既是乡村振兴战略的总要求，又是对中国特色农业农村现代化的深刻诠释。

（一）农村产业革命为贵州省乡村产业振兴奠定基础

乡村振兴，产业兴旺是基础。产业薄弱无疑是贵州推进乡村振兴最大的障碍。"来一场振兴农村经济的深刻的产业革命"，夯实乡村产业发展的基础，是贵州省实现乡村振兴和农业农村现代化的必由之路。当前，贵州省正在深入推进的农村产业革命，紧扣当前我国农业主要矛盾的发展变化，以农业供给侧结构性改革为主要任务，以促进农民增收为立足点，以调顺产业体系、调优产品结构、调好生产方式、调

强经营主体为主要目标，不断促进农业产业的转型升级，推动传统农业向现代农业的转变。

贵州省委、省政府着眼于本省乡村振兴全局、坚持问题导向，针对农村产业革命创造性地提出了"八要素"保障机制，即"产业选择、培训农民、技术服务、资金筹措、组织方式、产销对接、利益联结、基层党建"。具体而言，以市场需求为导向、以资源禀赋为立足，因地制宜选择市场前景好、综合效益高、带动能力强的产业；结合市场需求和产业要求加大力度培训农民，将先进的生产理念、技术和经营模式传授给农民。借鉴先进地区、先进企业的经验强化技术服务供给，严把每一个环节的技术标准，保证产品质量符合市场标准。多种途径资金筹措，以财政资金撬动社会资本，形成财政优先保障、金融重点倾斜、社会积极参与的多元格局。创新组织方式，改变传统的小农户分散经营格局，提升农户组织化程度，采用"支部+企业+农户"等新型组织形式，有助于农业生产从分散走向集约。以产销对接作为评价农村产业革命成败的关键环节，重点解决好将贵州优质绿色农产品"卖给谁、谁来卖、怎么卖"的问题，以市场为导向、合理布局农产品销售区域，创新"农校对接""农超对接""农社对接"等产销对接机制，发挥专业化市场主体如商贸流通企业、农产品经纪人等的作用，充分借助互联网电商等新型营销模式，完善政府服务、强化公共区域品牌建设。通过构筑企业农户"利益共同体"、实现紧密的利益联结机制，发挥内生动力，实现政府、企业、农户三方共赢。以基层党建为牵引力量，选优培强农村基层党组织带头人、优化农村基层干部队伍结构，为乡村产业振兴提供坚强保障和有力支撑。

农村产业革命"八要素"，既是开展农村产业革命的必要环节和重要方法，又是推进产业向纵深发展的具体实践过程和实现形式，对于补齐乡村产业发展要素短板、奠定乡村产业振兴基础，具有重要的意义和指导作用。

(二) 农村产业革命为贵州省培育多层次高素质农村人才队伍

乡村振兴,人才为要。农村人才是乡村振兴的核心,产业兴旺、生态宜居、乡风文明、治理有效、生活富裕,每一个方面都离不开农村人才的重要作用。目前,贵州乡村人才振兴面临一系列挑战,如农村人口的教育程度相对较低、农村"空壳化"现象严重、乡村对人才的吸引力不强等。因此,农村产业革命将"农民培训"作为重要内容,通过强化对农民的培训和引导,造就一批有文化、懂技术、会经营的新型农民。

对农民而言,农村产业革命首先是一场转变思想观念的革命。贵州省委书记孙志刚指出:"农村产业革命首先要推动干部群众思想观念的革命,彻底摒弃陈旧的、不符合新时代发展要求的思想观念。"贵州山多地少、交通闭塞、资源禀赋相对较差,农户传统的"什么都种一点、什么都养一点"的"自给自足"经营尽管能够适应闭塞条件下的生产生活方式,但显然不能适应以分工和专业化为主要特征的现代农业发展需要。扭转农民对诸如玉米等传统作物的种养习惯,克服农民对高效农业的畏难情绪,既需要加强对农民的思想工作,也需要搞好专业技术培训。农村产业革命将新时代农民讲习所作为脱贫攻坚大课堂、产业革命大熔炉,着力培养示范带动产业革命的能手,使农民产业发展有思路、有举措、有干劲,解决好不会种、不会养、不会卖的问题。

农村产业革命开展过程中,既注重科学设计培训内容,又合理安排培训形式。在培训内容设计方面,农村产业革命"培训农民"注重筛选有针对性的实用技术和实用技能培训,贴近农民生产,较好地解决了种不好、养不好、卖不好的问题;同时,重点围绕提升农民综合素质，从思想上拔穷根、消除精神贫困，激发群众脱贫致富内生动力。在培训形式方面，注重"因人施培""因产施培""因岗施培"，即针对培训对象的年龄、文化程度、身体状况和自身意愿开展，不搞"大课堂"，做到精准培训；不同地区根据特色产业开展培训，当地适合发展什么就培训农民学什么，提高实用性；围绕产业发展需要，结合市场用工需求，针对产业链不同环节和工作岗位开展培训，让农民有一技傍身，增加就业机会。通过"培训农民"这一环节，构建一支有文化、懂技术、善经营、会管理的新型职业农民队伍，奠定农村产业革命的基础，同时为推进乡村振兴提供人才支撑。

第四章

农村产业革命的内容

本章介绍贵州省农村产业革命的主要内容。贵州省农村产业革命具有较强的针对性、包容性。深刻的农村产业革命是综合的、系统的、全面的产业变革，包含着丰富的内容。本章从产业结构优化调整，生产条件改善，产品提质升级，生产组织方式和经营方式的变革，市场开发和营销以及政策体系和体制机制创新等方面全面系统介绍贵州省农村产业革命的内容。

一、调整优化产业结构

产业结构调整是产业革命的基础和起点，只有结构调好了，调优了，才有可能为发展高质量农产品和高效益农产品提供必要的资源。农业产业结构优化调整的目的是推动农业高质量发展。因此，要调减没有竞争力或竞争力弱的农产品，调减低质量的农产品，调减不适宜的农产品，增加高质量、高附加值、适宜市场需求的农产品。要坚持长短结合、因地制宜，全力打好农业种养结构调整硬仗，把玉米等低效传统产品调下来，把附加值高的产品调上去。把生产条件好的旱地基本农田和规模坝区用于种植经济作物和高附加值作物。

（一）调减玉米种植，调优粮经种植结构

进入 21 世纪以来，在政策支持、农业生产条件改善和市场向好等共同作用下，我国玉米种植面积和产量逐年攀升，加上进口增加，玉米出现了"三量齐增"的现象。玉米的供需矛盾出现了转换，玉米供给过剩，导致其市场价格下降。在玉米出现过剩的情况下，玉米不仅价格下降，其种植的效益也在降低。农业供给侧结构性改革的任务之一是要调减玉米种植面积，扩大优势经济作物的种植规模。根据《贵州省调减玉米种植三年行动方案（2018—2020年）》，调减玉米的总体思路是大规模调减玉米种植，彻底改变种植玉米的传统习惯，因地制宜地把蔬菜、茶叶、食用菌、精品水果、中药材、饲草饲料等绿色优势产业补上去。

1. 把玉米种植面积调减到 250 万亩

从 2018 年开始，利用 3 年的时间，将 1280 万亩玉米调减到 250 万亩，同时改变玉米的种植品种，把传统的籽粒玉米改种为鲜食玉米和青贮玉米。计划面积为 150 万亩鲜食玉米和 100 万亩青贮玉米。调减的原则是将非耕地、25 度以上坡耕旱地、生态环境保护区、生态环境脆弱区、重要水源保护区、风景名胜区等区域的玉米种植全部调下来，恢复生态。

调减的 1030 万亩玉米种植面积全部改种蔬菜、水果、中药材、茶叶、食用菌、饲草饲料等。其中，改种蔬菜 313 万亩、水果 202 万亩、中药材 102 万亩、茶叶 83 万亩、食用菌 26.5 万亩、饲草 71.5 万亩、其他作物 232 万亩。

2. 玉米种植面积年度调减目标

2018 年，全省调减玉米种植面积 500 万亩，新增蔬菜 152 万亩、水果 98 万亩、中药材 54 万亩、食用菌 10.7 亿棒（万亩）、茶叶 41.5 万亩、饲草 33 万亩、其他作物 110.8 万亩。2019 年，全省调减玉米种植面积 330 万亩，新增蔬菜 103 万亩、水果 63 万亩、中药材 29 万亩、食用菌 10 亿棒（万亩）、茶叶 26 万亩、饲草 22 万亩、其他作物 77 万亩。2020 年，全省调减玉米种植面积 200 万亩，新增蔬菜 58 万亩、水果 41 万亩、中药材 19 万亩、食用菌 5.8 亿棒（万亩）、茶叶 15.5 万亩、饲草 16.5 万亩、其他作物 44.2 万亩（见表 4-1）。

表 4-1　2018～2020 年贵州省玉米调减 3 年目标

单位：万亩

市（州）	2017 年种植面积	3 年调减总面积	2018 年调减面积	2019 年调减面积	2020 年调减面积	2020 年种植面积
合计	1280	1030	500	330	200	250
贵阳	57	43	25	11	7	14
遵义	176	139	30	64.5	44.5	37
六盘水	202	189	100	48	41	13
安顺	75	52	35	10.5	6.5	23
毕节	362	295	165	83	47	67
铜仁	104	79	40	29	10	25
黔南	120	96	45	33	18	24
黔东南	70	48	25	16	7	22
黔西南	114	89	35	35	19	25

3. 优化粮食内部结构，发展特色杂粮，稳定水稻生产

贵州省的杂粮种植历史悠久，种质资源丰富，特色杂粮产业具有独特的优势。贵州省广泛种植的小杂粮有荞麦、芸豆、薏苡、高粱、芭蕉芋、大麦、燕麦等，其中薏苡、苦荞、酒用高粱、芸豆、芭蕉芋是贵州省优势特色杂粮作物。贵州省薏苡种植面积、产量高居全国第一，已成为全国及周边国家最大的薏仁种植、加工集聚区和产品集散地。优化种植业结构中，要充分利用贵州省优越的生态环境，生产高附加值的有机杂粮，推广绿色增产增效技术。

4. 调优产业结构

把玉米调减与发展区域特色农业密切结合，把资源优势转化为产业优势、产品优势和竞争优势。因地制宜地优先发展比较优势突出、市场需求旺盛、发展基础较好的产业。对于 15 度以下的旱地，主要改种蔬菜、食用菌、草本中药材等作物；15～25 度坡耕旱地主要改种中

药材、茶叶、精品水果、饲草饲料等作物；25 度以上坡耕旱地全部退耕还林还草，因地制宜发展经果林，大力发展林下经济。做大经济作物产业，巩固茶叶生产优势，提高黔茶市场占有率和品牌影响力。大力发展蔬菜生产，打造一批标准化、规模化示范基地；积极发展食用菌生产，推进中药材产业发展。坚持"稳生猪、增牛羊、扩家禽、兴奶业、养特色"，加快发展生态畜牧业，推进渔业持续发展。实施林业十大产业基地建设，引导农民大规模种植刺梨、核桃、油茶、花卉苗木等，扶持发展林下经济。探索推行以亩产值为基本评价标准的农业结构调整和产业发展成效考核机制。贵州省各市（州）种植替代作物面积目标见表 4-2。

表 4-2　2018~2020 年贵州省调减玉米 3 年计划种植替代作物面积

单位：万亩

市（州）	玉米调减面积	蔬菜	水果	中药材	食用菌	茶叶	饲草	其他
合计	1030	313	202	102	26.5	83	71.5	232
贵阳	43	0	38	2	0	3	0	0
遵义	139	60	8	9	3.5	6	12.5	40
六盘水	189	75	45	9	1	10	6	43
安顺	52	20	7	10	2	6	4	3
毕节	295	70	49	37	10	30	32	67
铜仁	79	20	11	11	2	15	6	14
黔南	96	24	24	11	3	10	4	20
黔东南	48	28	4	8	2	0	2	4
黔西南	89	16	16	5	3	3	5	41

（二）为结构调整提供技术、资金和制度保障

农业种植结构调整是一项复杂的系统性工作，需要强有力的技术、

制度和资金支持。结构调整涉及技术、资金、市场、经营主体、基础设施和政策制度支撑。贵州省在农业产业结构调整中精心设计、统筹谋划，为把农村产业结构调好、调优提供了强有力的支持。

1. 科学规划布局

坚持以市场为导向，结合当地生态、气候、土壤特点和基础设施建设情况，科学布局种植品种和种植规模。集中支持发展辣椒、天麻、竹荪、猕猴桃、刺梨等一批在全国有优势的特色产业，做大规模，做强品牌。对地理标志农产品、名特优新、绿色有机产品等特色优势产品给予重点扶持。每个县有 1~3 个主导产业，每个乡镇有 1 个特色种类，每个村有 1 个优势品种，打造"一村一品、一乡一特、一县一业"产业发展新格局。

2. 技术引领、物资保障

加快优质、高产、高抗新品种的引进、示范和推广，开展高产高效技术试验和联合攻关，集成推广一批高效种植模式和绿色高产栽培技术。以轻简化、机械化、集约化为重点，以降低生产成本为目标，推进高效种植模式和绿色高产栽培技术的有机结合。省级发布一批不同海拔的蔬菜高效种植模式和高产高效栽培技术。推广有机肥替代化肥、水肥一体化、病虫害绿色防控等生产技术。创新农业技术推广方式，强化农机与农艺结合，依托农业产业技术体系、基层农技推广体系和新型职业农民技能培训机构，大力推广农业新品种、新技术、新材料、新型农机具。省市两级每年选派 1000 名以上科技特派员、各县（市、区、特区）分别组建 100 名以上专家服务团队，为基层开展产业技术服务、培训指导。做好替代作物所需种子（苗）等重要农资调运、储备和风险控制。坚持"本地育苗、就近供应"原则，围绕主导产业，结合实际建设种苗繁育基地，定规模、定质量、定进度，建足建好，满足本地用苗需要。外调苗要严把质量关和植物检疫关，确保安全。

加强新品种试验示范，注重品种的适应性。加强农资市场综合执法，加大对种子（苗）质量的监督抽查，依法打击制售假劣种子（苗）、肥料、农药等违法行为。

3. 培育经营主体

积极引进和培育省内外优强农业龙头企业，支持企业建立农产品生产基地，引领和带动种植业结构调整。加大对龙头企业用地、用电、用水的政策支持力度，优先配套道路、冷链物流、交易市场等设施，为企业发展壮大提供良好条件。支持企业在产品精深加工、养生、餐饮、旅游等方面融合发展，延长产业链，增加产业附加值。支持企业扩大再生产，扶持各类中小微农业生产经营主体发展壮大，引导企业不断完善利益联结机制。依托新型职业农民培育工程，加大对新型农业经营主体带头人的培育，提高农民组织化程度，按照"龙头企业+合作社+农户"等模式，深入推进农村"三变"改革，推广"塘约经验"，建成一批利益联结合理、运营模式新颖、贫困群众参与面广的农民专业合作社，带动贫困群众增收，发展壮大村级集体经济。100%的贫困村建立农民专业合作社，100%的贫困农户参加农民专业合作社，100%的农民专业合作社实现技术团队覆盖。

4. 完善基础设施

围绕产业结构调整，加强以水、电、路为主要内容的基础设施建设，重点解决退减区域工程性缺水等突出问题，同时抓好生产便道、排灌设施、机耕道、电网等基础设施建设，抓好集约化育苗、水肥一体化、产后分拣、包装、保鲜储藏、冷链物流等配套设施建设，规划建设一批高质量的标准化生产基地。统筹利用好土地整治、农业综合开发、小型农田水利建设、千亿斤粮食生产基地建设等项目资金，建设一批宜机化的高标准农田，推进农田基础设施建设；以农业园区为平台，整合资源、完善设施，着力打造一批上规模、上档次、集群化、多元化的生产基地和农产品加工基地，确保特色优势产业规模化、标准化、集约化、绿色化发展。

5. 多渠道开拓市场

对于特色优势农产品，如蔬菜、食用菌、水果、茶叶、中药材等要强化定向直通。通过农产品进机关、学校、社区、医院、企事业单位、超市"六进"，建立稳定直销渠道和直供关系。充分利用东西部扶贫协作机制，在广州、上海、深圳、重庆等对口帮扶城市开通销售渠道，畅通贵州特色农产品销售渠道。对接全国大型农产品批发市场，引导一批有实力的企业在贵州共建农产品直供基地。

二、发展坝区现代农业

以 500 亩以上坝区和 25 度以下坡耕地为重点，以特色化、规模化、标准化、品牌化、绿色化为方向，以市场为导向，发展"专精特优"农产品。根据《省农委关于 500 亩以上坝区农业产业结构调整的指导意见》（黔农发〔2018〕79 号）的精神，把全省坡度小于 6 度、面积 500 亩以上的种植土地大坝培育形成全省农业现代化的"样板田、科技田、效益田"，进一步促进产业增效、农民增收、农村增绿。

1. 全省 500 亩以上坝区全覆盖，发展现代农业

贵州省全省共有 500 亩以上坝区 1641 个，坝区的资源禀赋、劳动力、气候等资源条件优越，具备发展现代农业的条件，以 500 亩以上坝区为基础，通过改变资源配置，优化种植结构，走出一条适合贵州省特点的农业现代化之路。形成"藏粮于地、藏粮于技"的资源储备，通过提高农业综合生产能力，提升供给体系质量和效率，形成数量平衡、数量和质量并重、结构合理、品质优良的有效供给。把绿色发展的要求贯穿于结构调整的全过程，推广资源节约、利用高效、环境友

好的绿色技术，减少生产环节损耗，提高投入品利用效率。丰富500亩以上坝区结构调整的形式和内容，推广"一田多用""一季多收""一物多用"模式，合理利用土地资源，提高土地的产出效益。以市场为导向，发展比较优势突出、市场需求旺盛、产业发展基础较好的农作物，推进规模化种植、标准化生产、产业化经营，打造一批有市场影响力的知名品牌，提高农产品附加值。

2. 坝区发展三年目标（2018~2020年）

以政府为引导、企业为主体、园区为平台、科技为支撑，调减坝区内的低效作物种植面积，大力发展优质稻、蔬菜、草本中药材、特色杂粮、食用菌等高效经济作物。应用资源节约、利用高效、环境友好的绿色技术，良田、良种、良法、良机、良制配套，实现节本降耗、提质增效、增产增收，实现坝区平均亩纯收入比上年增加15%以上，实现化肥和化学农药使用量的零增长，化肥农药利用率不低于40%，产品质量全面达到无公害农产品标准，"三品一标"认证面积达75%以上，打造"全链条"产业融合模式，订单生产面积达到100%。推进规模化种植、标准化生产、产业化经营，打造一批有市场影响力的知名品牌，提高农产品附加值，促进一、二、三产业融合发展。

3. 坝区发展的重点任务

（1）全面夯实基础设施。以500亩以上坝区农业基础设施建设为重点，强化农业水利建设，推进高标准农田建设。加快实施耕地保护与提升工程，提高耕地质量，增强耕地生产能力和抗灾能力。

（2）全面提升农业技术装备水平。以农业科技创新为驱动，因地制宜推广高效耕作制度，集成配套低耗高效的安全栽培技术。以需求为导向，引进水肥一体化、秸秆还田、绿色防控等绿色生产技术。强化集约化育苗、农产品初加工等配套设施建设，提高农业机械普及度，在部分地区开展宜机化改造。

（3）全面建立新型农业社会化服务体系。在全省坝区建立以新型农业经营主体为核心、其他社会力量为补充、公益性服务和经营性服务相结合的新型农业社会化服务体系。鼓励龙头企业、农民专业合作社、家庭农场、种植大户等新型经营主体参与到坝区的生产规模经营中来，以政府引导和市场运作相结合的方式，创新组织形式，按照"公司+合作社+基地+农户（贫困户）"为主的多种产业经营管理模式，创新社会化服务方式，探索政府购买公益性服务的新模式，积极扶持规模化生产经营模式下的农机、植保专业化服务组织开展代耕代种、代防代治，推进生产、加工、物流、营销等一体化经营，实现分工合作、抱团发展。大力推行"村社"合一，建成一批利益联结合理、运营模式新颖、群众参与面广的农民专业合作社，探索建立科学合理的利益分配格局，实现社会资源利用和生产效益的最大化。

（4）全面推行"全链条"式产业融合发展。围绕连通产业链、完善利益链、提升价值链的目标，突出地方特色，通过产前、产中、产后配套服务，延伸产业链条，拓展农业观光旅游、农事活动体验、农耕文化传承等多种功能，发展休闲农业，促进农旅一体化，构建现代农业产业链条，提升产业融合水平，打造农业"全链条"产业融合发展模式。把坝区的作物生产、加工与乡村旅游、民族风情、养生服务有机结合起来，促进第一产业与第二产业、第三产业融合，实现经济效益从一产、二产、三产的简单叠加向乘积裂变式突飞猛进，推动农业产业"接二连三"立体化发展。

（5）全面建立产销衔接机制。全面摸清核准2018脱贫攻坚"春风行动"玉米调减和经济作物调增的空间分布、品类结构、生产规模、上市时段等具体情况，逐区域、逐品类对接市场、落实销路。举办好各类农产品博览会、推介会、展销会，为农产品销售搭建好平台，提升优质农产品知名度；推动农产品对接机关、学校、社区、医院、企事业单位、超市"六对接"机制，建立长期稳定的产品供销关系，实现产销精准对接；利用扶贫产品销售专区、发挥东西部扶贫协作平台和对口帮扶城市作用，打开销售大通道，建立稳定的直销渠道和直供关系；积极对接全国大型农产品批发市场，引导一批有实力的企业在坝区共建农产品直供基地；运用互联网+、电子商务等新手段，开展线上农产品销售，推进订单生产，发展精深加工，创响产品品牌，把坝区生产的绿色优质农产品销往全国，带动提升农业生产效益。

三、聚焦特色优势产业

发展12大特色优势产业、农业产业结构调整和500亩以上坝区开发为发展贵州特色优势产业提供了条件。在认真分析贵州农业资源禀赋、生产条件、技术现状、市场需求的基础上，贵州省提出发展具有贵州特色的，立足贵州优势的12大产业，即茶、食用菌、蔬菜、生态畜牧业、石斛、水果、竹、中药材、刺梨、生态渔业、油茶、辣椒12个产业和单品。同时，因地制宜地发展薯类、核桃、特色杂粮、花卉苗木等产业，继续发展壮大烤烟、油菜等传统产业，构建粮经饲统筹、种养加一体、农牧渔结合的现代农业产业体系。

1. 加大茶园改造力度，着力建设全国优质茶园基地

以发展高品质绿茶为主攻方向，围绕做生态茶、干净茶、出口茶，大力推进茶产业提质增效、质量安全、加工升级、市场开拓、出口提速、品牌建设六大任务建设。全省茶叶面积稳定在700万亩，茶叶产值585亿元，打造欧标茶生产基地80万亩，年产值亿元以上的公共品牌龙头企业或企业联盟之和占茶业制造总产值的60%左右，努力建成全国最大的优质茶原料基地、最大的茶产品加工基地、最大的茶产品商贸中心、最大的茶产品出口基地。

2. 发展特色蔬菜产业

发展食用菌、辣椒、韭黄、生姜等特色优势蔬菜以及错季蔬菜，扩大市场占有率。贵州的气候资源特点之一是温度低，是生产食用菌的天然场所。推进食用菌标准化、规模化基地建设，加快野生仿野生抚育基地、菌材供应基地建设。建成栽培种生产供应基地40个、菌材林基地150万亩，食用菌种植规模达30万亩（30亿棒）以上，产量达到150万吨以上，年产值达到150亿元以上，建成全国食用菌珍稀品种重要生产基地和野生食用菌重要抚育基地。

3. 建设绿色化蔬菜基地

聚焦优势单品、优势时段、优势区域，重点发展大白菜、萝卜、菜豆、茄子等大宗蔬菜，大力发展韭黄、生姜、山药等优势单品，开展蔬菜基地"清源"行动、蔬菜商品化提升行动，强化经营主体引进培育和市场流通体系建设，加快建成一批规模化、标准化、绿色化生产基地。蔬菜种植面积在1500万亩以上（不含辣椒），产量3000万吨，年产值820亿元，建成规模化、标准化、绿色化示范基地300万亩，建成中国南方重要的夏秋蔬菜基地。

4. 大力发展辣椒产业

充分发挥贵州辣椒"香辣协调、品味温醇"品质优势，加强优良品种换代推广，推进标准化规模化生产，推动加工集群发展，抓好市场产销衔接，做大做强"贵州辣椒"品牌，保持辣椒种植面积500万亩以上，产量650万吨，产值达230亿元以上，促进辣椒产业提质增效和转型升级，实现由辣椒大省向辣椒强省跨越。

5. 发展生态畜牧业、渔业

（1）发展生态畜牧业。坚持"稳生猪、增牛羊、扩家禽、兴奶业、养特色"。发展草食畜牧业，提高畜牧业在农业总产值中的比重和增长贡献率。推进贵州奶业振兴，继续实施奶业提升行动计划，打造知名乳品品牌。实施良种繁育体系建设、饲草饲料供应体系建设、疫病防控体系建设、畜产品安全保障体系建设、畜产品加工体系建设等工程。努力建成南方现代草地畜牧业大省。发展短、平、快的生态家禽，加快发展生态畜牧业。

（2）发展生态渔业。围绕"零网箱+生态鱼"发展目标，转变渔业养殖方式，优化养殖结构和生产布局，发展标准化绿色生态健康养殖，发展稻渔综合种养，推动生态养殖、休闲垂钓、乡村旅游等多业态有机融合，实施"贵水黔鱼"整体品牌创建推广行动，推动渔业高效益、高品质与高产量均衡发展。建成一批各种类型的大宗水产品生态养殖技术示范点，打造一批鲟鱼、大鲵、鲑鳟鱼等优质冷水鱼标准化养殖示范基地。水产养殖面积稳定在80万亩以上，年产值150亿元，让贵州渔产成为绿色优质的标签。

6. 发展竹产业

发展竹产业，走品质化、高端化和特色化发展道路，加快构建以赤水市为核心，以赤水河、大娄山、清水江和武陵山四大竹产业带为依托的总体布局，着力推动竹产业优化布局、扩面提质、加工升级、品牌建设、康旅融合，加快延伸产业链、提升价值链。新造竹林80万亩、改培竹林100万亩，全省竹林达500万亩以上，综合产值突破130亿元。

7. 扩大特色中药材种植，打造黔药品牌

扩大石斛等中药材种植面积，集中力量打造10个左右黔药优势品种。发展石斛产业，加快石斛种质资源的收集、保护和利用开发，积极选育本土化良种。加快建立完善石斛产业系列标准，延伸产业链条。以贵阳、黔南、黔西南、黔东南为重点，发挥贵州石斛品种资源优势，高标准打造铁皮石斛产业带。加快培育石斛产品加工企业，着力构建种植、加工、销售等全产业链发展模式，打造"黔石斛"产业品牌，

推动产业深度发展，不断提高石斛的影响力、竞争力和市场占有率。全省种植规模达到 30 万亩以上，其中铁皮石斛 16.7 万亩。

8. 发展中药材产业

坚持"加快发展重点品种，稳定发展鼓励品种，突出发展贵州地道药材品种"的方向，围绕天麻、太子参、半夏等 20 个重点发展品种和山药、玄参等 30 个鼓励发展品种，实施良种繁育基地建设、标准化种植提升、加工基地提升和品牌建设等工程，加快培育一批中药材产业聚集区。培育发展皂角产业，加快开发皂角精深加工产品。中药材面积达到 720 万亩，产量 210 万吨，年产值 200 亿元，建成全国重要中药材原料基地和民族医药强省。

9. 发展特色水果和水果深加工业

大力发展刺梨、猕猴桃、火龙果、百香果、蓝莓等精品水果，实现规模化生产。围绕抓基地、强龙头、建标准、重科技、树品牌，以现有刺梨林为基础，有序推进规模适度、符合现实、利于转化的刺梨种植，深挖刺梨自然、文化、历史、科学内涵，加快构建刺梨全产业体系，加大刺梨产业标准制定，加快建立有行业示范性的刺梨系列标准，集中打造"贵州刺梨"公共品牌，进一步提高贵州刺梨的知名度和美誉度。刺梨种植面积达到 400 亩，产值实现 100 亿元，力争把贵州打造成为中国刺梨第一大省。

10. 大力发展水果产业

围绕"强龙头、扩规模、拓市场、带农户、促增收"，加快发展火龙果、百香果、猕猴桃、蓝莓、地方名李、特色樱桃等优势水果，依托旅游景区、城市郊区，融合发展杨梅、枇杷、葡萄、桃等时令水果。推广绿色生产技术，加快主体引进培育，强化科技支撑引领，创新产销衔接路径，加强质量安全监管，推进三产融合发展，着力打造一批"万亩片""千亩村"示范区。水果种植面积达到 760 万亩以上，产量

420 万吨以上，年产值 250 亿元以上，把贵州建设成为我国南方重要的精品水果产区。

11. 大力发展油茶产业

以扩大油茶种植规模、提高低产低效林质量、提升油茶精深加工水平为重点，深入实施油茶基地扩面提质、精深加工提升、市场培育拓展、茶旅融合发展、品牌培育壮大等重点工程，促进油茶生产品种优良化、规模化、经营集约化、产品市场化。油茶种植面积达到 500 万亩，产值达到 100 亿元以上，把油茶产业培育成贵州生态和经济效益兼备的重要产业。

四、创新农业组织方式

产业革命必然带来农业组织方式的变革，产生调整产业结构，发展现代优势特色产业的变革需求，而单一的小农户式的生产组织方式难以适应这种变革的需要。因而，贵州把"龙头企业+合作社+农户"的生产组织模式确定为产业革命的主导模式，充分发挥龙头企业发展加工、搞活流通、开拓市场、打造品牌等龙头作用；同时，通过合作社带动广大农户参与产业分工。这种模式起到了延长产业链、提升价值链、分享利益链的作用。

"龙头企业+合作社+农户"的模式把企业、集体和农户的利益通过分工联结起来，发挥资本、资源、劳动力和组织资源的优势。通过农村集体产权制度改革，推进"资源变资产、资金变股金、农民变股东"的农村"三变"改革，让贫困群众不仅仅收益租金、薪金，更有股金分红，确保贫困群众稳定、持续获得收益。引进一批农产品精深加工龙头企业，利用合作社的组织优势，带动农户参与，实现产业链条的延伸，打造贵州绿色优质农产品整体品牌。

"龙头企业+合作社+农户"的组织模式可以利用三个主体的优势，发挥三个主体的积极性。通过引进、组建等多种方式培育壮大农业龙头企业。大力推动"村社合一"，利用基层组织的组织优势组建、规范、提升农民合作社，发挥合作社联结企业和农户的桥梁纽带作用，在各方的参与下，建立完善利益联结机制，落实农民在产业链、利益链、价值链中的环节和份额，形成风险共担、利益共享机制。增加农户参与产业发展的收益。

五、稳固农业基础设施

加强农业基础设施建设，特别是农业水利建设，加快建设旱涝保收、高产稳产的坝区高标准农田。抓好生产便道、排灌设施、机耕道、电网等基础设施建设，提高耕地质量，增强耕地生产能力和抗灾能力。

加快实施耕地保护与提升工程，加大有机肥积造和水肥一体化设施建设的支持力度，鼓励农民发展绿肥、秸秆还田和施用农家肥，扩大土壤有机质提升规模和范围。

进一步完善农业装备，抓好集约化育苗、水肥一体化、产后分拣、包装、冷链物流、保鲜储藏等配套设施的建设，扩大农用机械普及度，推广适用于新兴产业的农业机械，进一步提升产业生产能力、加工能力，延伸产业链条，提高产业附加值。

六、强化科技创新驱动

以农业科技创新为驱动，牢固树立增产理念、效益理念、绿色理念，根据不同生产与生态条件选择合理的高效耕作制度，集成配套低耗高效安全的栽培技术。因地制宜地应用符合市场需求的优质品种、高效肥料、绿肥聚垄、少（免）耕、完全生物降解膜覆盖栽培、水肥一体化、秸秆还田、合理间套轮作、绿色防控、机械化耕种收等绿色生产技术。推广"一田多用"模式，发展稻田综合种养、稻旱轮作、稻+、农事劳作体验、休闲旅游观光、农耕文化传承。推广"一季多收"模式，科学安排作物茬口，将一季变多季、用空间换时间，提高土地的产出效益。推广"一物多用"模式，发展作物花期与养蜂产业相结合，作物秸秆作为天然架子、还田培肥、牲畜"口粮"、食用菌营养基质等，实现种养高效结合。因地制宜地完善种植标准、操作规程、技术规范，推广一批适宜500亩以上坝区规模的区域性、标准化、优质高产高效、可持续、可复制的技术模式。

全省500亩以上坝区以轻简化、机械化、集约化为重点，按照"五统一"要求，实行标准化生产，即统一供种、统一耕播、统一肥水管理、统一病虫防治、统一机械收获。打好"组合拳"，在栽培、育种、植保、土肥、农机等方面，实行农机农艺融合、良种良法配套。全面实行无公害栽培，积极推进绿色、有机栽培，开展无公害、绿色和有机产地产品认证。

充分利用贵州省大数据的资源优势，推动大数据在农业产销各环节的广泛应用，大力发展智慧农业。

七、健全市场营销体系

多渠道拓展市场营销体系，发挥政府、企业、事业单位、个人的积极性，充分利用各类市场资源，拓展农产品的营销体系。

实行平台化对接，搭建农校对接、农企联盟、农超对接、农批对接、农餐对接等平台。推动订单化销售，让更多农产品进学校、进机关、进军营、进医院、进社区、进超市、进对口帮扶城市。让贵州农产品主导省内市场、抢占省外市场。

搭建销售渠道，推动黔货出山、黔货进京、遵品入沪等行动，建设一批长期稳定的省外销售渠道。大力拓展海外市场，在国外、省外设立商贸公司，构建贵州农产品连接国际大市场的枢纽，面向东盟各国出口贵州农产品。为加快畅通农产品对外贸易通道，省商务厅和贵阳海关携手推动出口农产品基地备案及注册登记工作。

加快冷链物流体系建设，在农产品集聚区、蔬菜基地建冷库，购置冷链运输车。积极推进产销对接，以订单定生产，做到产销对接。龙头企业与合作社、农户签订收购协议，明确各方的利益、各个环节的要求，最大限度消除市场波动给企业和农户带来的损失。依托大数据优势，发展电商化销售，推动线下与线上有效结合。开展市场化营销，组织开展大型博览会、推介会、展销会等，帮助贫困地区的企业、合作社和种养殖户打开销售通道。发挥对口资源帮扶优势，对接上海、广东、深圳等对口帮扶市场，稳定扩大省外市场。

八、完善支持政策体系

为使产业革命顺利推进，把产业做实做强，构建和制定针对性强的体制机制和支持政策，2019年省委十二届五次全会专题聚焦农村产业革命，出台《中共贵州省委贵州省人民政府关于推进农村产业革命坚决夺取脱贫攻坚全面胜利的意见》和3个配套实施意见。省委省政府还出台了《省委省政府领导领衔推进农村产业革命联席会议制度》和《省委省政府领导领衔推进农村产业革命工作制度》等制度，省委、省政府主要领导亲自挂帅，担任联席会议的召集人，12位省委、省政府领导分别领衔推进茶叶、食用菌等12个特色产业，一个产业成立一个领导小组、一个工作专班、一个专家团队，制定一套推进方案。市县两级参照建立领衔制度和工作专班，让资源高度聚集、力量高度聚合、政策高度集中，形成了省负总责、市县抓落实、五级书记齐抓共管、全省上下齐心协力推进农村产业革命的工作格局。

出台支持农村产业革命的扶持政策。强化产业奖补，强化财政资金投入，强化农业保险补助。推动农村金融体制改革，加大农村金融供给。推动农业保险扩面、增品、提标。统筹涉农资金，建立绿色产业扶贫资金。用财政资金调动社会资金。加大农机补贴力度，对补贴范围内的机具实行敞开补贴，优先保证粮食等主要农产品生产所需机具。

第五章

农村产业革命的政策实践

本章从发展理念、营商环境、产品市场、基础设施、特色产业、组织保障和党建引领七个层面梳理贵州省农村产业的政策实践。贵州省农业产业小、散、弱的局面使得其农业产值不高，产业规模化、组织化和标准化程度不够，再加上产业配套设施和服务比较薄弱，使得贵州省采取超常举措深化产业革命，加快构建现代产业体系。为保障贵州省农村产业革命的顺利实施，贵州省出台了一系列的政策措施及地方标准，以营造更加有利于发展的经营环境。

一、坚持全新发展理念，统领产业发展

由于政府及学界对产业政策的研究视角不同，其内涵也并没有统一。目前来看，可以将"产业政策"划分为三类：第一类是各种指向产业的特定政策，即政府有关产业的一切政策的综合；第二类是弥补市场缺陷的政策，即当市场调节出现障碍时，由政府采取的一系列补救的政策；第三类是产业赶超政策，即工业后发国家为赶超工业先进国家而采取的政策的综合。有中国学者将此类产业政策定义为：当一国产业处于比其他国家产业落后的状态，或者可能落后于其他国家时，为加强本国产业所采取的各种政策。贵州省农村产业革命应该类似于第三类解释，鉴于长久以来贵州省农业面临的落后局面，以及贵州省社会经济发展的困境，在当前形势下提出开展农村产业革命，是为了更好地赶超其他发达省份的超常规举措。

2018 年，贵州省委省政府立足省情，针对农业领域进行了深入的思考。并于 2 月 27 日，由贵州省农业委员会印发了《2018 年贵州省

农业产业脱贫攻坚春风行动工作方案》，该工作方案可以被认定为拉开了贵州省农村产业革命的序幕。

自此，全省上下全力推进振兴农村经济的一场深刻产业革命，把产业革命作为推进产业扶贫的有效手段，重点围绕产业选择、培训农民、技术服务、资金筹措、组织方式、产销对接、利益联结、基层党建"八要素"，深入推进农村产业发展观念革命、发展方式革命和工作作风革命，先后出台了《农业产业助推脱贫攻坚三年行动 2018 年工作要点》（黔农发〔2018〕22 号）、《贵州省 2018 年农业产业脱贫攻坚夏秋攻势工作方案》、《贵州省农业产业脱贫攻坚三年行动方案（2018—2020 年）》、《关于 500 亩以上坝区农业产业结构调整的指导意见》等文件，将产业扶贫各项目标任务细化分解和落实。

2019 年，谌贻琴省长在《贵州省政府工作报告》中再一次对"深入推动农村产业革命"作出细致部署。认真对照"八要素"要求，以 500 亩以上坝区和 25 度以下坡耕地为重点，以特色化、规模化、标准化、品牌化、绿色化为方向，以市场为导向，发展"专精特优"农产品，着力培育 10 个百万亩农业生态产业，打造一批现代农业示范区。并对茶园改造，食用菌、辣椒、韭黄等特色优势蔬菜，刺梨、猕猴桃、火龙果、百香果、蓝莓等精品水果，生态家禽等工作进行了部署。2月 15 日，贵州省政府办公厅印发《2019 年〈政府工作报告〉重点工作责任分工方案》，就深入推动农村产业革命进行了具体分工，并指定了专门的牵头省领导。6 月 28 日，贵州省第十二届委员会第五次全体会议审议通过了《中共贵州省委、贵州省人民政府关于深入推进农村产业革命坚决夺取脱贫攻坚战全面胜利的意见》，并强调要对照"八要素"找差距、强弱项，深入推进农村产业革命，全力打好"2019 夏秋决战"，为按时打赢脱贫攻坚战提供更加有力的产业支撑。

二、持续改善营商环境，助推产业落地

良好的营商环境是综合竞争力的重要元素，能够反映出地区的思想解放程度、市场发育程度、对外开放水平、发展潜力和综合实力。贵州省推进农村产业革命，需要政府在营商环境上做好引导，通过不断优化市场氛围，提高产业发展水平。

（1）在资金保障方面，贵州省按照《国务院办公厅关于印发支持贫困县统筹整合使用财政涉农资金试点的意见》（国办发〔2016〕22号）、《贵州省人民政府办公厅关于印发贵州省支持贫困县开展统筹整合使用财政涉农资金试点工作方案的通知》（黔府办发〔2016〕24号）以及《财政部国务院扶贫办关于做好2019年贫困县涉农资金整合试点工作的通知》（财农〔2019〕7号）、《省扶贫开发小组领导小组关于做好2019年贫困县涉农资金整合试点工作的通知》（黔扶领通〔2019〕4号）、《贵州省农业生产发展资金管理办法》（黔财农〔2017〕329号）等法规，在保障贵州省12大特色产业发展方面，相继出台了《关于安排开展推进十大千亿级工业产业项目经费、农村产业革命12个特色项目经费和相关工作专班经费的通知》、《贵州省农业农村厅关于开展农银企产业共同体创新试点的通知》（黔农发〔2019〕37号）以及《关于印发贵州省2019年政策性农业保险工作实施方案的通知》（黔金监发〔2019〕6号）等文件，为全省12大特色产业提供了充足的资金保障。

（2）在产业投融资基金方面，2018年10月10日，贵州脱贫攻坚投资基金管理领导小组办公室印发了《贵州绿色产业扶贫投资基金管理办法（试行）的通知》，为指导全省绿色产业发展，规范贵州绿色产业扶贫投资基金管理提供了指导。

（3）在税收补贴方面，2019 年 2 月，贵州省委为加快引进和培育一批龙头企业，围绕出台政策优惠，实行省级财政统筹，先建后补、以奖代补，由经营主体自行垫资投入坝区生产经营建设，事后按照统计部门核定的坝区亩产值，对经营主体进行一次性奖补，每亩补助 1000~1400 元。在具体产业发展上，《贵州省农村产业革命刺梨产业发展专项资金管理办法（试行）》（黔财农〔2019〕162 号）指出，刺梨专项资金主要按照项目法分配，统筹考虑政策目标、扶持对象、补助标准、实施期限、绩效管理等，确保资金分配与任务相统一。专项资金可以用于促进刺梨产业加工发展项目的融资贴息或补助、省级重点招商引资的刺梨企业或项目补助和宣传补助等。

（4）在土地利用方面，贵州产业革命"八要素"的第一项就是产业选择，它所解决的是不种玉米后发展什么的问题。2018 年，贵州将调减籽粒玉米种植面积作为推动农村深刻产业革命的关键一招，省委要求"拿出最好的土地种植效益高的经济作物"，当年的政府工作报告明确提出，将经济作物占种植业的比重提高到 65% 以上。2019 年 1 月，贵州省第十三届人民代表大会第二次会议指出，要向土地适度规模经营改革要动力，深化农村土地制度改革、农村集体产权制度改革、农垦改革和草原生态文明体制改革，推动"三变"改革纵深发展，激活农村资源要素。在具体实践中，安顺市率先成立村级土地流转中心，对全村土地、林地等进行确权，探索出了"公司+合作社+农户"的发展模式，并且建立了科学的利益分配机制，最大限度地利用了土地，实现了效益增值。

（5）在高校帮扶政策方面，校农结合是贵州省在推进产业扶贫中的一大亮点。2018 年 9 月 18 日，贵州高校助推脱贫攻坚现场观摩会暨农村产业革命工作推进会上，《全省高校服务农村产业革命工作方案》明确了贵州省首批 100 个高校服务农村产业革命科研项目，这些高校服务农村产业革命科研项目，以学科链对接产业链，推动产业扶贫和农村产业结构优化调整，并探索出"高校+龙头企业+政府+保险公司+银行+农户""高校+示范基地+地方专家+技术二传手+辐射基地""高校+合作社+农技中心"等一系列高校产学研发展助推农村产业扶贫的新模式。

三、完善产品要素市场，提供便捷服务

完备的要素市场体系能够为产品研发和推广提供更好、更便捷的服务，有效保障农村产业革命的顺利进行。贵州省在产品市场方面，注重品牌建设和地方标准制定，为促进地区经济发展提供了很好的保障。

（1）在品牌建设方面，贵州省拥有众多享誉全国的知名品牌。以茶产业为例，有遵义红茶、湄潭翠芽、凤冈锌硒茶、雷山清明茶等。为加强品牌建设，提高市场竞争力，2019年6月，省委书记孙志刚在省委十二届五次全会上指出，重点任务之一就是要加大品牌培育和宣传力度，推进科技进步，加大农村产业革命科技支持。随即省农业农村厅明确，2019年贵州省将以农民增收为主线，坚持"强龙头、创品牌、带农户"，确保农民持续增收。

（2）在地方标准制定方面，2018年8月14日贵州省质量技术监督局发布《精准扶贫农业产业发展"八要素"工作通则》（DB52/T 1271-2018），对"八要素""五大产业""一县一业"等进行了界定；同时，发布的《精准扶贫 农业产业扶贫工作指南》（DB52T 1277-2018）用于指导各地对照"八要素"找差距、强弱项、补短板。通过结合贵州省实际，坚持因人因地施策，做到产业"五个到村到户到人"，为贫困地区如何发展农业产业提供了依据，有效解决了农业产业

"怎么做"的问题。

四、推进基础设施建设，夯实发展基础

这里所指的基础设施主要是围绕农村产业革命，贵州省在信息化建设、大数据技术支撑、基础设施建设等方面做出了相关实践。

（1）在信息化建设方面，贵州省强调要建设完善的贵州省数据共享交换平台，全面支撑政府网站统一信息资源库、集约化平台、一体化服务的融合融通。其中，《贵州省大数据战略行动2019年工作要点》明确指出，要建设"一云一网一平台"顶层规划，制定"一云一网一平台"建设三年实施计划和年度建设计划，建设"一云一网一平台"调度指挥系统。为保障农村产业革命中各大产业的销售，贵州省要求加快推进农产品质量追溯体系、农业大数据平台、冷链物流信息化、农业物联网基地的建设，做强做优农村电商。

（2）在大数据技术支撑方面，早在2014年2月，贵州省人民政府就向全省印发《关于加快大数据产业发展应用若干政策的意见》《贵州省大数据产业发展应用规划纲要（2014—2020年）》。2015年9月，贵州率先启动全国第一个大数据综合试验区建设。2017年2月，《贵州省数字经济发展规划（2017—2020年）》发布实施，贵州成为全国首个发布省级数字经济发展专项规划的省份。2018年4月，省委书记孙志刚在主持全省大数据战略行动推进工作专题会议时指出，贵州省将坚定不移地把大数据战略行动向纵深推进，加快国家大数据综合试验区建设，推动全省大数据发展健康大踏步地前进。2019年3月，《贵州省大数据战略行动2019年工作要点》指出，要大力发展智慧农业，推动大数据在农业产销各环节的广泛应用；并且积极发展农村电子商务，推进"大数据+黔货出山"，支持贵阳市建设国家级跨境电商

综合示范区。

（3）在基础设施建设方面，2019 年 6 月，省委书记孙志刚在省委十二届五次全会上指出"要加快农产品生产基地建设"。强调重点任务之一就是要做实利益联结机制，强化基础设施，夯实农村产业革命发展支撑。通过基础设施建设奖补引导，加大 500 亩以上坝区农业基础设施建设力度，重点开展土地平整工程、灌溉与排水工程、田间道路工程和其他工程等基础设施和配套设施建设。

五、甄选 12 大特色产业，优化产业结构

根据贵州省资源禀赋、产业基础、市场需求等，为更好更快地推进贵州省农村产业革命，贵州省在产业选择上，将优势产业和优势品种作为突破口，选取了茶叶、食用菌、蔬菜、生态畜牧、石斛、水果、竹子、中药材、刺梨、生态渔业、油茶、辣椒 12 个特色产业作为主导产业，并从政策、资金、资源等方面集全省之力大力发展这 12 大特色产业（见表 5-1）。

表 5-1 贵州省农村产业革命 12 大特色产业政策

产业	时间	文件	发文单位
茶	2019 年 7 月 4 日	《省财政厅 省农业农村厅 关于下达 2019 年省级农业产业发展资金（茶产业发展专项）的通知》（黔财农〔2019〕96 号）	贵州省农业农村厅
食用菌	2017 年 9 月 11 日	《贵州省发展食用菌产业助推脱贫攻坚三年行动方案（2017—2019 年）》（黔府办发〔2017〕39 号）	贵州省人民政府办公厅
食用菌	2019 年 3 月 27 日	《贵州省 2019 年食用菌产业发展重点任务推进方案的通知》	贵州省农业农村厅办公室
蔬菜	2019 年 7 月 4 日	《省财政厅 省农业农村厅 关于下达 2019 年省级财政专项扶贫资金（支持贫困地区农业生产发展用于蔬菜产业专项）的通知》（黔财农〔2019〕95 号）	贵州省农业农村厅

续表

产业	时间	文件	发文单位
生态畜牧	2019年 6月6日	《省财政厅 省农业农村厅 关于下达2019年省级农业产业发展专项资金（畜牧产业绿色发展及安全监管）的通知》（黔财农〔2019〕72号）	贵州省农业农村厅计划财务处
	2019年 6月6日	《关于下达2019年省级农业资源及生态保护资金（生态循环农业示范、农业生态环境保护专项）的通知》（黔财农〔2019〕71号）	贵州省农业农村厅计划财务处
	2019年 6月6日	《关于下达2019年省级财政专项扶贫资金（支持贫困地区农业资源及生态保护用于生态循环农业示范、新农村建设与环境综合整治（地表径流污水净化利用示范）、农村人居环境整治试点专项）的通知》（黔财农〔2019〕70号）	贵州省农业农村厅计划财务处
石斛	2017年 9月15日	《省人民政府办公厅贵州省发展中药材产业助推脱贫攻坚三年行动方案（2017—2019年）的通知》（黔府办发〔2017〕47号）	贵州省人民政府
水果	2019年 6月6日	《省财政厅 省农业农村厅 关于下达2019年省级财政专项扶贫资金（支持贫困地区农业生产发展用于水果产业发展专项）的通知》（黔财农〔2019〕69号）	贵州省农业农村厅计划财务处
	2019年 6月6日	《关于下达2019年省级农业生产发展专项资金（农业产业发展用于水果产业发展、辣椒产业发展、农业技术服务用于种业发展专项）的通知》（黔财农〔2019〕67号）	贵州省农业农村厅
竹	2019年 6月21日	《省委省政府领导领衔推进农村产业革命工作制度》	
中药材	2017年 9月5日	《贵州省发展中药材产业助推脱贫攻坚三年行动方案（2017—2019年）》	贵州省人民政府办公厅
刺梨	2019年 6月20日	《贵州省农村产业革命刺梨产业发展推进方案（2019—2021年）》	贵州省省委办公厅
	2019年 10月11日	《贵州省农村产业革命刺梨产业发展专项资金管理办法（试行）的通知》（黔财农〔2019〕162号）	贵州省财政厅、工业和信息化厅、林业局

产业	时间	文件	发文单位
生态渔业	2019年6月14日	《省财政厅 省农业农村厅 关于下达2019年省级农业产业发展资金（渔业工作、渔业产业发展专项）的通知》（黔财农〔2019〕79号）	贵州省农业农村厅
油茶	2019年6月21日	《省委省政府领导领衔推进农村产业革命工作制度》	
辣椒	2019年6月6日	《省财政厅 省农业农村厅 关于下达2019年省级农业生产发展专项资金（农业产业发展用于水果产业发展、辣椒产业发展，农业技术服务用于种业发展专项）的通知》（黔财农〔2019〕67号）	贵州省农业农村厅

资料来源：笔者整理。

为更加清晰各文件对产业发展的相关表述，本书摘取了各政策的主要内容。具体来说，包括如下12个方面：

（1）茶产业：将围绕建成茶产业强省，重点抓好43个主产县，加强现代生态茶园的建设与管理，加快建设全国最大规模的优质茶原料基地、茶产品加工基地、商贸中心和出口基地。为此，2019年7月4日，贵州省农业农村厅发布了《省财政厅、省农业农村厅关于下达2019年省级农业产业发展资金（茶产业发展专项）的通知》（黔财农〔2019〕96号），对茶产业的发展安排和绩效目标作出了安排。

（2）食用菌产业：将大力发展优势大宗、特色珍稀食用菌，积极发展野生食用菌，重点抓好30个主产县，建设规模化基地120个、面积5万亩，加快跻身全国食用菌生产第一梯队。为此，早在2017年9月11日，贵州省人民政府办公厅就发布了《贵州省发展食用菌产业助推脱贫攻坚三年行动方案（2017—2019年）》（黔府办发〔2017〕39号），明确构建五大产业带，重点打造10个产业大县、40个基地县、40个林下仿野生栽培和野生食用菌抚育县。2019年3月27日贵州省农业农村厅办公室印发的《贵州省2019年食用菌产业发展重点任务推进方案的通知》对重点任务、发展目标任务表、各县（市、区）食用菌产业发展目标任务表、食用菌产业发展重点任务推进方案任务分解表等内容给出了具体的方案和量化指标。

（3）蔬菜产业：将重点突破大白菜、萝卜、菜豆、茄子等大宗产品和韭黄、生姜、山药等优势单品，每年新建规模化、标准化基地100万亩，逐步建立南方重要的夏秋蔬菜生产基地，以及粤港澳大湾区优质蔬菜供应基地。为此，2019年7月4日，贵州省农业农村厅发布《省财政厅 省农业农村厅 关于下达2019年省级财政专项扶贫资金（支持贫困地区农业生产发展用于蔬菜产业专项）的通知》（黔财农〔2019〕95号），将2200万元用于支持贫困地区农业生产发展蔬菜产业专项，蔬菜产业专项主要用于：建设500亩以上坝区蔬菜高效生产示范基地；新品种新技术引进试验和集成配套示范；启动蔬菜"清源"行动，100个清洁菜园创建和绿色高产高效模式示范；采后商品化处理配套。

（4）生态畜牧业：将突出发展牛羊，稳定发展生猪，加快发展生态鸡，重点建设肉牛肉羊产业示范县各7个、生猪产业示范县8个、肉鸡产业主产县6个和蛋鸡产业主产县12个，促进畜牧业绿色发展，着力打造南方草地生态畜牧业重点省。为此，2019年6月6日，贵州省农业农村厅计划财务处发布了《省财政厅 省农业农村厅 关于下达2019年省级农业产业发展专项资金（畜牧产业绿色发展及安全监管）的通知》（黔财农〔2019〕72号），将3046万元用于畜牧产业绿色发展及安全监管，列入2019年政府收支分类科目2130106"科技转化与推广服务"项。主要用于畜牧发展处会议培训，畜禽遗传资源管理站品种改良，兽药饲料监察所饲料、生鲜乳、禽产品质量安全抽检，省草地技术试验推广站饲草产业发展及能力提升，省种畜禽种质测定中心种畜禽种质检测检验体系及安顺新猪场粪污资源化利用配套设施建设，省威宁高原草地试验站能力提升及技术研究。

同日，贵州省农业农村厅计划财务处发布了《关于下达 2019 年省级农业资源及生态保护资金（生态循环农业示范、农业生态环境保护专项）的通知》（黔财农〔2019〕71 号），将 625.32 万元用于生态循环农业示范、农业生态环境保护专项，列入 2019 年政府收支分类科目 2130135 "农业资源保护修复与利用"项。其中，生态循环农业示范专项 150 万，农业生态环境保护专项 475.32 万；贵州省农业农村厅计划财务处发布了《关于下达 2019 年省级财政专项扶贫资金（支持贫困地区农业资源及生态保护用于生态循环农业示范、新农村建设与环境综合整治（地表径流污水净化利用示范）、农村人居环境整治试点专项）的通知》（黔财农〔2019〕70 号）。其中，生态循环农业示范专项 5500 万元、新农村建设与环境综合整治（地表径流污水净化利用示范）专项 1500 万元、农村人居环境整治试点专项 2000 万元，列入 2019 年政府收支分类科目 2130504 "农村基础设施建设"。

（5）石斛产业：将选择交通、水热等条件较好的相对集中连片林地，打造 5 个省级仿野生石斛种植示范基地，加快建设附树仿野生、高品质石斛生产大省。早在 2017 年 9 月 15 日，贵州省人民政府就发布了《省人民政府办公厅贵州省发展中药材产业助推脱贫攻坚三年行动方案（2017—2019 年）的通知》（黔府办发〔2017〕47 号），指出贵州省要发挥中药材产业优势，凝聚多方力量推进精准扶贫、精准脱贫，坚持"大健康、大品种、产业扶贫、山地特色"发展思路，将中药材产业发展与建档立卡贫困人口精准脱贫充分衔接，建立切实有效的产业利益联结机制，推进全省中药材扶贫产业发展，助推贫困户增收脱贫；并对总体目标、年度目标、品种布局等进行了部署。

（6）水果产业：将聚焦种植规模居全国前列的优势树种，因地制宜地选择并发展地方特色树种，推广绿色发展技术，加快建成南方重要的水果产区。为此，2019 年 6 月 6 日，贵州省农业农村厅计划财务处发布了《省财政厅 省农业农村厅 关于下达 2019 年省级财政专项扶贫资金（支持贫困地区农业生产发展用于水果产业发展专项）的通知》（黔财农〔2019〕69 号），资金共 1000 万元，并列入 2019 年政府收支分类科目 2130505 "生产发展"项。这笔资金将主要用于百香果"千亩村"水、电、路等基础设施建设；电子商务、物联网等设备补助；种苗、架材、肥料、农（地）膜、生物农药、杀虫灯、新型专用设施、设备、材料、小型农机等物化补助；抚育、产地认定和产品认证等补助；营销宣传、品牌创建、产销衔接补助；生态化栽培技术推广补助（含优新品种、新技术、新设施、设备、专用小型农机和材料引进、试验、集成示范和推广，良种繁育、节水灌溉、病虫草害绿色防控等）；龙头企业、合作社、产销联合体培育等。同日，贵州省农业农村厅发布了《关于下达 2019 年省级农业生产发展专项资金（农业产业发展用于水果产业发展、辣椒产业发展、农业技术服务用于种业发展专项）的通知》（黔财农〔2019〕67 号），将 4903.54 万元列入 2019 年政府收支分类科目 2130106 "科技转化与推广服务"项。其中，水果产业发展专项 2448.45 万元、辣椒产业发展专项 1072.21 万元、种业发展专项 1382.88 万元。

（7）竹产业：将加快推进竹产业"全链条"发展，着力做强竹纤维、竹建材、竹食品"三篇文章"，以赤水、桐梓、正安、碧江、黎平、雷山等县为发展重点，形成赤水河、清水江、大娄山和武陵山四大竹产业带。虽然关于竹产业贵州省没有直接的资金专项，但是在 2019 年 6 月 21 日发布的《省委省政府领导领衔推进农村产业革命工作制度》中指出，遵义市、铜仁市、黔东南州应成立农村产业革命竹产业发展领导小组，建立全省竹产业发展工作链，各级各地大力开展竹林基地建设、招商引资、产业提质增效等相关工作。

（8）中药材产业：将大力发展天麻、太子参、半夏、薏苡、钩藤、黄精、白芨、黄柏、党参、花椒、艾草等重点品种，培育 20 个 10 万亩以上的中药材种植大县，建设中药材产业大省、强省和全国道地中药材重要产区。早在 2012 年 9 月 3 日贵州省人民政府发布的《关于加快民族药业和特色食品产业发展的意见》（黔府发〔2012〕32 号）以及 2012 年 8 月贵州省批复的《贵州省中药材产业发展扶贫规划（2012—2015 年）》中都明确要把发展民族药业和特色食品产业作为调整农业农村经济结构、促进农民增收、推进扶贫开发、培育经济增长点、推动历史性跨越的重要内容，并以此为切入点，创新工作机制，整合各方资源，突出重点区域，做大基地规模，培育企业集团，实施品牌战略，提升产业水平，实现后发赶超。2017 年 9 月 5 日，贵州又根据省情实际及时出台《贵州省发展中药材产业助推脱贫攻坚三年行动方案（2017—2019 年）》。

（9）刺梨产业：将加大种子、种植、功效、加工标准及新产品开发等方面的研究和攻关力度，以发展精深加工为着力点，重点建设六盘水、黔南、安顺、毕节四个刺梨产业经济带，加快建设全国刺梨产业大省。早在 2015 年 1 月 13 日，贵州省政府办公厅就印发了《贵州省推进刺梨产业发展工作方案（2014—2020 年）》要求六盘水市、安顺市、毕节市、黔南自治州人民政府等按照守住发展和生态两条底线的要求，以市场为导向，以科技为支撑，以产业升级为突破口，充分发挥龙头企业的带头示范作用，逐步形成资源相对稳定充足、产出效益显著的产、供、销发展格局，把刺梨产业建设成为促进林农增收致富和改善生态环境的重要产业。2019 年 6 月 20 日，贵州省委办公厅印发《贵州省农村产业革命刺梨产业发展推进方案（2019—2021 年）》，《方案》涉及总体要求、主要目标、重点任务以及保障措施等内容，为贵州刺梨产业提供了发展路径和政策保障，也为贵州做大做强刺梨产业迎来了新的发展格局。提出主要目标是要培育和引进一批刺梨加工龙头企业，发展一批刺梨拳头产品，打造一批刺梨知名品牌，开发一批样板市场，建设全国刺梨种植、加工、销售大省。要在现有规模基础上，到2021年全省刺梨种植面积新增60万亩、鲜果产量达到50万吨、综合产值达到100亿元。2019年10月11日，贵州省财政厅、工业和信息化厅、林业局印发了《贵州省农村产业革命刺梨产业发展专项资金管理办法（试行）的通知》（黔财农〔2019〕162号），以加强和规范农村产业革命刺梨产业发展专项资金管理，有效地提高资金使用效益，促进贵州省农村产业革命刺梨产业高质量发展。

（10）生态渔业：将依托贵州省优质水资源和良好生态环境，以全域"零网箱·生态鱼"为目标，积极发展稻田养鱼、虾、蟹，培育鲟鱼、鲑鳟等冷水鱼产业集群，适度有序发展湖库区生态渔业。2019年6月14日，贵州省农业农村厅发布了《省财政厅 省农业农村厅 关于下达2019年省级农业产业发展资金（渔业工作、渔业产业发展专项）的通知》黔财农〔2019〕79号，将545.57万元列入2019年政府收支分类科目2130106"科技转化与推广服务"项。其中，渔业工作专项48.45万元，渔业产业发展专项497.12万元。

（11）油茶产业：将建成全国油茶重点省，扩大油茶基地规模，提高油茶质量，提升油茶精深加工水平。针对油茶产业，贵州省并未出台直接的专项，但是在2019年6月21日发布的《省委省政府领导领衔推进农村产业革命工作制度》中将油茶列为12个重点产业之一，各级政府成立了油茶产业发展领导小组，加大对油茶产业的引导和服务力度。

（12）辣椒产业：2019年6月6日，贵州省农业农村厅发布了《省财政厅 省农业农村厅 关于下达2019年省级农业生产发展专项资金（农业产业发展用于水果产业发展、辣椒产业发展，农业技术服务用于种业发展专项）的通知》（黔财农〔2019〕67 号），将 4903.54 万元列入 2019 年政府收支分类科目 2130106 "科技转化与推广服务"项。其中，水果产业发展专项 2448.45 万元、辣椒产业发展专项 1072.21 万元、种业发展专项 1382.88 万元。

六、强化组织机制保障，助力产业发展

为推进贵州省农村产业革命有序进行，贵州省及各地市在组织保障，特别是在制度机制、专班设置、地方标准、组织方式等方面做出了相关探索。

（1）在创新制度机制方面，贵州省建立了"一个重点产业、一个工作专班、一个技术团队"工作机制。同时，采取"厅长包片、处长包县"的方式，与市（州）联合组成调研调查组，深入各县（市、区），围绕农村产业革命重点产业或"一县一业"发展、龙头企业、农民专业合作社培育及"龙头企业+合作社+基地"组织方式等开展调研督导，切实掌握各地纵深推进农村产业革命的情况。

（2）在保障优先发展方面，2019 年 6 月，省委书记孙志刚在贵州省委十二届五次全会上明确了目标任务，指出要推动优势产业优先发展、优势品种率先突破，把茶、食用菌、蔬菜、生态畜牧、石斛、水果、竹、中药材、刺梨、生态渔业、油茶、辣椒等特色产业做大做强，成为农户脱贫增收的致富产业，带动 100 万左右贫困人口增收，确保第一产业增加值增长 6.8%、农民人均可支配收入增长 10%左右。这种优先序的选择，有效保障了产业革命在推进过程中的顺利开展。

（3）在具体实施环节，各地也涌现出了较为有特色的组织生产方式。如遵义市采取的"龙头企业+合作社+农户"的形式，并相继出台了《遵义市发展农民专业合作社助推脱贫攻坚三年行动方案（2018—

2020年)》《关于加强农民专业合作社规范化建设的意见》《关于开展示范创建引领农民合作社又好又快发展的方案》等，推进着农民专业合作社的健康发展，并探索出了以统筹规划、统筹资源、统筹路径、统筹机制为主要内容，以强组织、强发展、强基础为主要目标的"四统三强"工程，有利推动了村级集体经济从无到有、从小到大、从弱到强。

七、突出党建引领作用，凝聚发展合力

基层党组织是党的领导延伸到基层的重要载体，党的一切路线方针政策和决策部署，最终要靠基层组织贯彻落实。农村产业之变，关键在于改革，更在于有一个好的基层党组织。基层党组织是产业革命的"指挥所"和"先锋队"，要不断强化党组织的凝聚力和号召力，把党建触角延伸到产业发展第一线，让党员先锋作用在田间地头闪光，激发出产业革命的内生动力，做人民群众的主心骨，带领群众满怀信心和决心站上产业革命的潮头，为打好振兴农村经济的产业革命突破战提供坚强保证和有力支撑。

为保障农村产业革命的有序推进，经贵州省委同意，省委组织部于2018年就印发了《关于印发村级组织建设"一任务两要点三清单"的通知》，并总结提炼出《农村基层党组织脱贫攻坚基本任务》《村第一书记履职要点》《农村党组织书记履职要点》以及市县乡三级党委《在脱贫攻坚中加强村级组织建设任务清单》。同时，聚焦"组织发动、产销对接、利益联结"三个方面，充分吸收借鉴基层实践探索，总结提炼出了一批好经验好典型，为推动农村产业革命提供了一批标准化、模板化、可操作、可落实的参考模板，并要求各地结合实际抓好落实。

2019 年 6 月，贵州省委第十二届五次全会研究出台了《中共贵州省委贵州省人民政府关于推进农村产业革命坚决夺取脱贫攻坚全面胜利的意见》等 "1+3" 文件，并坚持党政主抓农村产业革命的政策，有效保障了农村产业革命的稳步推进。

第六章

贵州农村产业革命的具体实践

本章梳理和总结了贵州省推进农村产业革命的主要做法和典型案例。自 2018 年初贵州省提出要"来一场振兴农村经济的深刻的产业革命"以来,贵州省各地区各部门按照省委部署要求,以"五步工作法"和产业发展"八要素"为遵循,调整优化农业产业结构、强化农民培训和技术服务、提升农业产业化发展水平、促进农民增收,农村产业革命取得了显著的成效。

一、创新体制机制,推进农村产业革命

(一)坚持党政高位,主抓农村产业革命顶层设计

贵州省委、省政府将农村产业革命作为重大战略部署,省委、省政府主要领导带头抓、深入抓,采取超常规举措高位强力推进。贵州省委财经委员会第一次会议专题听取了农村产业革命汇报;省委农村工作会议对推进农村产业革命进行了安排部署,研究出台了《中共贵州省委贵州省人民政府关于推进农村产业革命坚决夺取脱贫攻坚全面胜利的意见》等"1+3"文件,坚定不移地将农村产业革命向纵深推进。

农村产业革命开展至今,贵州省领导组织召开专题会、调度会、现场推进会 80 余次,深入基层调研 50 余次;工作专班班长、常务副班长等组织召开专题会 220 余次,深入基层调研 80 余次,强力推动产业发展。

（二）创新完善体制机制，推进农村产业革命

贵州省陆续出台了《省委省政府领导领衔推进农村产业革命联席会议制度》和《省委省政府领导领衔推进农村产业革命工作制度》等制度，省委、省政府主要领导亲自挂帅，担任联席会议的召集人，12位省委、省政府领导分别领衔推进茶叶、食用菌等12个特色产业。每个产业成立一个领导小组、一个工作专班、一个专家团队，制定一套推进方案。市县两级参照建立领衔制度和工作专班，推动资源高度聚集、力量高度聚合、政策高度集中，形成了省负总责、市县抓落实、五级书记齐抓共管、全省上下齐心协力推进农村产业革命的工作格局。

作为推进农村产业革命的关键部门，贵州省农业农村厅探索"厅长包片、处长包县"的方式，由厅主要负责人、班子成员带队，162名干部组成45个调研组，联合市州，深入88个县市区、8个新区（开发区），733个乡镇和村、521个坝区、280余家企业和合作社、1200余户农户，主要围绕各县市区农村产业革命、产业结构调整以及玉米调减等方面开展督导调研，推动籽粒玉米调减、经济作物替代等工作落到实处。组建五个调研组，到43个重点县主要围绕产业革命种植业结构调整、调减低效籽粒玉米等农作物和增加高效优势替代作物种植等情况开展督导。同时，加强农村产业革命产业发展工作调度，收集汇总各产业情况向省委省政府领导汇报，编印《贵州农村产业革命战况通报》22期。

（三）完善工作方法，落实农村产业革命

"五步工作法"和"八要素"已经成为落实农村产业革命的系统思维和科学方法。全省上下聚焦"政策设计、工作部署、干部培训、督促检查、追责问责"五步工作法和"产业选择、培训农民、技术服

务、资金筹措、组织方式、产销对接、利益联结、基层党建"八要素，查问题、找差距、强弱项、补短板，制定 12 个重点产业发展推进方案（计划），出台坝区新型经营主体培育、农业保险和"农银企产业共同体"筹资模式等政策，落实农村产业革命顶层设计的政策措施。

（四）强化干部能力素质，提升推进农村产业革命

贵州省农业农村系统深入开展"学起来、讲起来、干起来"为主题的"充电行动"，在"学起来"中强化理论武装、提升业务能力，在"讲起来"中抓好技术指导、服务产业发展，在"干起来"中研究解决问题、推动工作落实。在省委组织部的支持下，举办全省农村产业革命专题培训班，对市、县党委政府分管负责同志、农业农村部门主要负责同志和产业结构调整重点乡镇党委书记进行专题培训。

二、产业选择

（一）总体做法

产业选择是推进农村产业革命的基础性工程。贵州省坚持以市场需求为导向，以促进农民增收为根本出发点，立足山地特色，大力调减玉米等传统低效种植作物，以茶、蔬菜及食用菌、生态畜牧等 12 个产业作为替代作物（见表6-1）。针对山多地少、资源匮乏的农业发展基础，科学分类、利用现有资源，鼓励 15 度以下的坡耕地主要改种蔬菜、食用菌等高效作物，15~25 度坡耕地主要改种中药材、茶叶、精品水果等，25 度以上坡耕地旱地退耕还林还草、发展林下经济。

坝区地势相对平坦、耕作条件相对优越，对于贵州省而言，是十分宝贵的农业资源。因此，贵州省以 500 亩以上坝区产业结构调整为

突破口，实现产业规模化、标准化、绿色化发展。为了准确掌握和摸清全省 500 亩以上坝区农作物种植情况，贵州省政府专门开展了"500亩以上坝区土地基本情况"的摸底调查，全省范围内确定了坡度小于6 度、面积在 500 亩以上的种植土地大坝 1641 个。省政府出台了《贵州省 500 亩以上坝区种植土地保护办法》，要求全省县级政府部门要划定辖区内 500 亩以上坝区种植土地范围并加强保护；省自然资源主管部门负责对全省 500 亩以上坝区统一登记编号；各级责任主管部门采取措施确保 500 亩以上坝区种植土地面积不减少、质量不降低。省农委专门出台了《关于 500 亩以上坝区农业产业结构调整的指导意见》，要求各县市区明确 500 亩以上坝区农业结构调整后发展的主导产业，编制专门的产业结构调整实施方案，通过夯实基础设施、实行标准化基地生产、应用绿色增产增效技术、建立新型农业社会化服务体系、推行"全链条"式产业融合发展，建成全省农业现代化的"样板田、科技田、效益田"。

农村产业革命实施以来，贵州省特色产业优势更加明显。一些农产品在全国初步形成了规模、品质和品牌优势，茶叶、辣椒、火龙果种植规模全国第一、马铃薯种植全国第二；"贵州绿茶"成为我国首个省级区域地理标志茶产品，"虾子辣椒""兴仁薏仁米""威宁马铃薯"获中国百强农产品区域公共品牌，培育形成了长顺绿壳蛋鸡、乌蒙乌骨鸡等 37 个区域性公共品牌。

表 6-1　贵州省农村产业革命 12 大主导产业及发展目标

产业	发展目标
茶	到 2020 年，全省茶园面积稳定在 700 万亩，茶叶年产量 50 万吨，茶叶产值 500 亿元
食用菌	到 2019 年底，全省实现食用菌种植规模 30 亿棒（万亩）、产量 110 万吨、产值 130 亿元，带动贫困人口 13.5 万人

续表

产业	发展目标
蔬菜	到 2021 年，全省蔬菜种植面积稳定在 1500 万亩以上，产量稳定在 3000 万吨，综合产值 820 亿元；建成规模化、标准化蔬菜基地 300 万亩
生态畜牧	牛产业：到 2021 年，建设地方肉牛品种保护场 2 个、适度规模家庭牧场 500 个、奶源基地 1 个；肉牛产业综合产值比 2018 年增加 30%，达 470 亿元以上
	羊产业：到 2021 年，建成地方山羊品种保种场 5 个，新建改扩建扩繁场 35 个，适度规模家庭牧场 1000 个；羊产业综合产值达 93.2 亿元
	生态鸡产业：到 2021 年，全省生态鸡（蛋）综合产值达到 200 亿元以上；累计新建或改扩建 200 个家禽养殖专业合作社，500 个家庭牧场
	生态猪产业：到 2021 年，建成 8 个生猪产业提质增效样板区和 18 个产业发展重点区
石斛	到 2021 年，全省总规模达到 20 万亩、总产值达 40 亿元，其中铁皮石斛 8 万亩、产值 31 亿元，金叉石斛 1 万亩、产值 9 亿元；联结 9 万农村群众实现增收
水果	到 2021 年，全省果园面积 760 万亩，产量 420 万吨，产值超过 250 亿元，累计带动扶持贫困人口 30 万人，力争将贵州建成我国南方重要的精品水果产区
竹	到 2021 年，全省新造竹林 80 万亩，改培竹林 100 万亩，竹林基地面积达到 500 万亩，产值达到 130 亿元
中药材	到 2020 年底，全省新增中药材 55 万亩，总面积达 655 万亩、产量 180 万吨、产值 200 亿元；带动全省 34.6 万贫困人口增收
刺梨	到 2021 年全省刺梨种植面积新增 60 万亩，鲜果产量达到 50 万吨，综合产值达到 100 亿元
生态渔业	到 2019 年底，生态水产养殖产量 18.02 万吨、产值 38.3 亿元
油茶	到 2019 年底，新造油茶林 60 万亩、改造油茶低产林 30 万亩，全省规范化油茶林达到 230 万亩；带动 1 万以上贫困人口增收
辣椒	到 2021 年，种植面积稳定在 500 万亩以上，产量 650 万吨，产值 230 亿元；建设国家级辣椒专业市场，辣椒交易额突破 800 亿元

资料来源：《贵州省农村产业革命 12 个特色产业发展推进方案》。

（二）各地实践

农村产业革命实施以来，贵州省各地坚持立足实际、突出特色、效益至上、规划引领的原则，以贵州省主导产业发展规划和要求为指引，综合考虑地理条件、发展基础、区域优势、发展潜力等因素，科学制订主导产业发展规划，合理确定主导产业发展任务、目标和时序，探索出了各具特色的产业发展道路。各地主要做法见表6-2。

表6-2　贵州省部分地区农村产业革命典型做法

地区	典型做法
贵阳市	出台了《贵阳市农村产业革命行动方案》，明确将紧紧围绕"一品一业、百业富贵"发展愿景，以"八大工程"落实"八要素"，以500亩以上坝区建设和农业结构调整、低效玉米调减为重点，主攻菜篮子、果盘子、茶园子、药坝子、奶瓶子，实现"五子登科"，推进农业高质量发展
	重点选择以蔬菜、食用菌、生态家禽、生猪为主的"菜篮子"，以猕猴桃、刺梨、桃、李等水果为主的"果盘子"，以绿茶为主的"茶园子"，以石斛、白芨、黄精等中药材为主的"药坝子"和以牛奶为主的"奶瓶子"
遵义市	按照"一长两短，长在山上，短在耕地"的产业发展思路，调减低效籽粒玉米，因地制宜地选择以蔬菜、辣椒、花椒、酒用高粱、中药材、食用菌等作为替代产业
毕节市	细化马铃薯、蔬菜、经果林、茶、中药材、食用菌、生态家禽等产业三年行动方案；调减传统低效玉米385万亩，大力发展蔬菜、马铃薯、食用菌、辣椒、刺梨、皂角等12个主导产业，覆盖农户200万人以上
六盘水市	将蔬菜、猕猴桃、刺梨、茶叶、生态畜禽、食用菌、中药材、石斛八大特色产业做大做强，确保第一产业增加值增长达6.8%以上，农民人均可支配收入增长达10%左右，产业对农民收入的贡献率达39%
黔南州	出台了《中共黔南州委黔南州人民政府关于深入推进农村产业革命坚决夺取脱贫攻坚战全面胜利的实施方案》，选择茶叶、蔬菜（辣椒）、刺梨、生态畜牧（生猪、家禽）、生态渔业、中药材、食用菌、水果、石斛、烤烟、桑蚕等特色产业作为主导产业

地区	典型做法
黔西南州	出台了《中共黔西南州委黔西南州人民政府 2019 年脱贫攻坚春季攻势行动令》《黔西南州全力推进振兴农村经济的深刻产业革命行动方案》，围绕调减低效籽粒玉米 60 万亩以及 500 亩以上坝区产业结构调整目标，结合全州区域特色和资源禀赋，大力发展茶叶、食用菌、蔬菜（含辣椒）、精品果业、中药材（含石斛）、生态畜禽、生态渔业、薏仁、油茶、烤烟十大产业
铜仁市	发挥绿水青山优质资源禀赋，围绕生态茶、中药材、生态畜牧、蔬果、食用菌、油茶等主导产业，发展珍珠花生、冷水鱼等具有地方特色的"一县一业"，建成一大批生态茶叶、生态畜牧、食用菌和果蔬等"一村一品"特色产业专业村。打造"梵净山珍·健康养生"区域公共品牌，带动铜仁优质生态农产品走出大山
黔东南州	出台了《中共黔东南州委 黔东南州人民政府关于深入推进农村产业革命坚决夺取脱贫攻坚战全面胜利的实施意见》，选择了茶叶、食用菌、蔬菜、生态畜牧、石斛、水果、中药材、花卉、生态渔业、油茶、辣椒、竹 12 个产业为主导产业
安顺市	用 3 年的时间逐步实现旱地全部改种高效经济作物；重点发展食用菌、中药材、蔬菜、茶叶、生态家禽和"一县一业"等经济效益好的产业；围绕"金刺梨、竹子、花卉苗木、精品水果、生态茶园、木本中药材"等林业产业做文章

资料来源：笔者整理。

三、培训农民和技术服务

（一）总体做法

农民是开展农村产业革命的核心主体，关键问题在于如何让"从土里刨食的庄稼汉"转变为"在土里掘金的新农民"，将传统农民培训成为"懂技术、善经营、会管理"的新型职业农民。农民培训和技术服务在这一过程中发挥着决定性的作用。

在培训农民方面，兼顾转变农民思想观念和实用技术培训，兼顾外部专业技术人才引进和本土技术人才利用。在推进农村产业革命过程中，坚持"因人施培、因产施培、因岗定培"的思路，杜绝形式主义；在引进科研院校的专职科技工作者的同时，鼓励发动本地经验丰富的"土专家""农教授"传帮带，从而达到"学技能、增本领"的培训目标。

在技术服务方面，建立了"一个重点产业、一个工作专班、一个技术团队"的工作机制。在全国聘请7位院士作为产业发展顾问，在省内组织专家组成专业团队。贵州大学和贵州省农业科学院分别成立了12个专家团队，并制定技术方案支持农村产业革命。以万名农技干部下基层服务为抓手，组织1.2万名农技人员，对花椒、辣椒、食用菌、猕猴桃、百香果、火龙果、石斛、花椒等品种，开展技术指导，服务农村产业革命。农业农村厅组织编印茶叶、食用菌、蔬菜、水果、中药材、生态家禽等《贵州省农村产业革命重点技术培训学习读本》，供基层干部、新型经营主体和农户学习使用。

（二）各地实践

贵州省各地按照贵州省委、省政府对农民全员培训的总体部署，围绕精准培训对象、精准目标任务、精准工作举措、加强资源整合、提高培训针对性、促进就业创业等方面大力推动农民培训工作，不断提高农民，尤其是有劳动力能力农民的综合素质和技能水平。与此同时，各地融合技能培训和技术服务，组织大量基层干部和农技人员走向一线，上门为农民提供各类农业技术服务。各地主要做法见表6-3。

表6-3　贵州省部分地区培训农民和技术服务的典型做法

地区	典型做法
贵阳市	以新时代农民讲习所为依托，开展有针对性的实用技术和实用技能培训，解决种不好、养不好、卖不好的问题；积极推动讲习内容"菜单化"，准确生动有效开展宣讲，切实做到讲习结合、知行合一

续表

地区	典型做法
贵阳市	突出农民综合素质这个重点，注重培训同扶志、扶智结合起来，从思想上拔穷根，消除精神贫困，激发群众脱贫致富内生动力
遵义市	以县区为单位，整合职业技术学校和农广校，健全完善覆盖城乡劳动者的终身职业培训体系；邀请农民群众认可的专家、产业能人开展农业实用技术等培训，提升培训的针对性和有效性
毕节市	以新时代农民讲习所为载体，选派各级干部沉下去开展巡回宣传宣讲，用好"土专家""田秀才"，开展菜单式技能培训，针对农民不会种、不会养、不会卖等问题，做到种什么帮农民选、怎么种教农民学、如何卖给农民想办法
六盘水市	把农民脱贫增收作为出发点和落脚点，引导农民投身产业扶贫的大业中，切实增强农民参与现代农业的自身素质和技能，打造一批"爱农业、懂技术、善经营"的新型职业农民
	通过建章立制、创新举措调动各级农技人员、农业科研人员主动参与扶贫的积极性、主动性和创造性，支持他们在农村广阔的天地建功立业，为农业产业发展筑牢基石
黔南州	加大培训资金、资源整合力度，根据市场需求结合未就业劳动力基本情况和当地产业发展特点，推进贫困劳动力全员培训
黔西南州	通过学习大讲堂、新市民计划、干部夜校等载体培育新型职业农民；建立农业行政主管部门负责、农民科技教育培训中心为基本依托以及农业科研院所、涉农高校、农业技术推广机构等多方参与、适度竞争的多元培训机制，加强农民培训
铜仁市	从市直农业部门抽调农技干部，分赴全市10区县开展"春风行动"产业发展指导，为产业改革、发展提供技术保障。专家技术服务团队到村到户到人，全面开展贫困人口全员培训，确保每人熟练掌握一门以上实用技能，实现稳定就业脱贫。坚持把培训与就业紧密结合，以市场需求为导向，开展订单式培训、定向培训、定岗培训。根据产业发展的需求，开展以需定培、以培供需，形成"培训、就业、保障"为一体的培训模式，广泛开展经济作物种植、畜禽养殖、维修电工、电焊工、家政服务、电子商务、农副产品深加工等实用技术培训，大力培养"土专家、田秀才"式的新型劳动者。动员社会各方力量开办培训机构，简化办事程序，引导享受相应的优惠政策等，为开展好培训工作提供便捷、高效的服务
黔东南州	突出抓农技服务"三农"，确保技术服务到位，在深入实施"万名农业专家服务三农行动"的基础上，推动省市县三级科技特派员向基层特别是贫困村开展科技服务，匹配产业专家12724人，实现每个合作社和500亩以上坝区技术服务团队全覆盖

地区	典型做法
安顺市	以农业生产、经营和服务为重点，培育一批爱农业、懂技术、善经营的新型职业农民。多渠道开展"雨露"计划、"三女培育"等农村劳动力就业培训工程，依托省内、市内高等教育、中等职业教育资源，鼓励农民通过"半农半读"等方式就地就近接受职业教育。重点实施新型农业经营主体带头人轮训、现代青年农场主培训、农村实用人才带头人培训和农业产业精准扶贫培训"四个计划"，支持涉农院校开展新型职业农民学历教育，鼓励职业农民通过弹性学制参加农业职业教育

资料来源：笔者整理。

四、资金筹措

资金筹措是农村产业革命顺利推进的关键保障。在省级层面，贵州省探索打造了"财政资金投入、绿色产业发展基金投资、金融资本贷款、社会资金入股、政策保险兜底"的全方位立体式的财税金融保障体系。

在公共财政的引导和支撑方面，努力争取中央财政支持，并充分整合各个渠道的涉农资金，确保公共财政资金用在最关键的地方，起到四两拨千斤的作用。针对12个主导产业设立了特色产业投入转向资金，每年安排了12亿元的专项资金。落实500亩以上坝区结构调整补助资金、高标准农田建设配套资金等，攻坚期内每年安排预算内资金2.4亿元，支持深度贫困县"一县一业"产业扶贫。

通过设立绿色产业扶贫投资基金，充分发挥脱贫基金的带动作用。2018年，贵州省出台了《贵州绿色产业扶贫投资基金管理办法》，遵循"政府主导、企业主体、市场运作、风险可控、服务脱贫"的原则，按照"强龙头、创品牌、带农户"的思路组织实施，投资方向为能够带动农户增收、符合绿色产业标准的一、二、三产业。基金规模为1200亿元，全部为财政资金，目前全省已投资资金278.56亿元，正在申请资金986亿元，已同意贷款资金135.98亿元。将12个特色产业全部纳入政策性保险范畴，对参保的企业和农户，省市县三级财政分别予以保费补贴。

以财政资金为基础，充分发挥杠杆作用撬动更多的金融和社会资本支持农村产业革命。积极探索了农银企产业共同体融资模式（SPV），农业企业可以和政府的平台公司合作组建合资公司，共同撬动银行资本，发展壮大特色产业；目前已经开展了两批试点项目，第一批农银企产业联合体试点组建了SPV公司11家，筹集财政资金2.46亿元，撬动民营资本3.95亿元、银行资本8.73亿元，第二批试点重点聚焦16个深度贫困县，支持财政资金2.74亿元，还在进一步的实施当中。

农银企产业共同体融资模式有效聚合了政府服务、企业经营、银行融资、合作组织与小农户，形成了产业利益共同体，解决了农民发展缺组织、企业壮大缺资金的难题，为农村产业革命的深入推进提供了支撑。六盘水市承担的农银企产业共同创新试点项目，是贵州省农银企产业共同体融资模式的典型代表。其主要做法和成效见案例6-1。

案例6-1　贵州省农村产业革命的资金筹措典型案例

六盘水市农银企产业共同体创新试点项目调研报告

为运用政府资金、民间资本撬动金融投入，破解融资难、融资贵问题，我市组建了六盘水众鑫公司作为SPV项目的实施公司，规划建设六枝特区木岗镇猕猴桃基地，启动农银企产业共同体创新试点项目。为了解该项目实施进展，总结经验和问题，近日，市农业农村局成立调研组先后多次到试点项目实施地，采取进村组、访农户、问企业、开座谈会等方式与企业、金融机构、基地负责人员以及基地务工农户进行深入交流，现将调研情况总结如下：

一、主要做法

（一）以企业为基础，组建 SPV 公司

SPV 即 Special Purpose Vehicle 的简称，即特殊目的公司，是指以实施特定项目为目的并按照《公司法》管理的特殊项目公司。组建 SPV 公司是农银企产业共同体的基础，通过将 SPV 产业项目公司作为创新试点项目的主体，实现政府服务、企业经营、银行融资、合作社组织、农民参与的产业共同体。经市长办公会研究，同意由市农业开发投资有限责任公司联合六枝特区瑞民农业投资开发有限公司，共同出资组建 SPV 产业项目公司——六盘水众鑫公司。公司成立后，以建设银行为合作银行，开展了项目立项审批、开设专户、项目融资、基地建设等工作。

（二）以项目为载体，规划建设万亩猕猴桃基地

本着量力而行、科学务实的原则，众鑫公司规划了六枝特区木岗镇万亩猕猴桃基地项目。计划种植猕猴桃 10000 亩，涉及木岗镇戛陇塘村、抵岗村、瓦窑村等 10 个行政村，2020 年建成后将惠及农户 2431 户 8218 人，其中贫困户 553 户 1896 人。项目分三期实施，一期实施 3000 亩，于 2019 年上半年完成建设；二期实施 3000 亩，计划 2020 年一季度完成建设；三期实施 4000 亩，计划 2020 年底前完成建设。

（三）以坝区为依托，精心选择项目实施地点

六盘水众鑫公司选择在六枝特区木岗镇万亩坝区发展猕猴桃产业主要是着眼于便利的交通条件和良好的农业生产条件。该坝区位于六枝特区东部，紧邻都香高速公路，距贵阳市约 130 公里，农产品 90 分钟车程即可运达贵阳市。坝区耕地面积 13105 亩，面积居我市 49 个

500 亩以上坝区之首。优越的地理区位，平整的地形地貌，完善的配套设施，良好的产业条件为农银企产业共同体发展奠定了扎实的基础。

（四）以利益为纽带，合理分配各方利益

一是充分发挥财政资金的引导和激励作用。组建的 SPV 公司在分配投资收益时，地方国有企业可视创新试点项目性质，在不超过净利润的 10% 的范围内适当向社会资本让利，充分调动社会资本的积极性，发挥他们在市场、技术、管理方面的优势。二是充分体现财政资金的公益性。地方国有企业在 SPV 公司获得的投资收益，在项目区内以"1144"的方式分配：10% 分配给村集体经济、10% 分配给贫困农户（贫困农户全面退出后分配给村集体经济）、40% 分配给流转土地的农户、40% 用于自身发展。这样的分配比，可充分调动农户、村集体的积极性，有利于推进产业发展。

（五）以创新为动力，着力破解资金筹措和融资难题

一是着力破解资金筹措难题。创新试点项目的总投资 1.8 亿元，以"226"比例构成，即市农业开发投资有限责任公司出资 20% 计 3600 万元，六枝特区瑞民农业投资开发有限公司出资 20% 计 3600 万元，银行贷款 60% 计 10800 万元。其中，地方国有企业出资部分可申请省级财政资金 3000 万元支持，由市政府授权市农业开发投资有限责任公司履行出资人职责，有效解决了地方国有企业资金筹措的难题。二是着力破解融资难题。众鑫公司木岗万亩猕猴桃基地项目总投资 1.8 亿元，其中 60% 即 1.08 亿元申请银行贷款，由建设银行以"125 供应链"金融模式提供，"1"即 1 个主体：SPV 产业项目公司；"2"即 2 项抵押物：农用地经营权、生物性资产；"5"即 5 项增信措施：土地综合性长期收益、资源沉淀增量收益、上下游资金闭环运行收益、农业保险功能、农业担保。此模式有效解决了农业企业无抵押物、缺少增信措施的融资难题。

二、效益分析

（一）政府效益：放大了综合效应

一是强化了社会资源聚合效应。政府发挥集中力量办大事的制度优势，通过 SPV 融资模式集聚各方政策、资源和力量，重点支持发展有特色、有基础、有市场的优势产业，推动现代农业实现跨越式发展。二是强化了财政资金带动效应。在众鑫公司农银企产业共同体项目中，省、市、县三级整合投入财政资金 3600 万元，带动企业和银行投入 14400 万元，实现 1：4 的放大效应。三是强化了农村社会治理效应。随着基地建设的推进、产业项目的带动，农村基层党组织建设将全面加强，推动农民专业合作社等各类社会服务组织不断发展和健全，有效助推农村治理体系和治理能力不断迈向新台阶。

（二）银行效益：拓展了发展平台

一是新增 1+N 个稳定客户，1 即 SPV 公司，N 为农银企产业共同体项目区的农户、合作社等经营主体。建设银行通过参与农银企产业共同体项目，增加了业务合作客户。项目实施以来，建设银行已为在基地务工的农户办理银行卡 467 张，办卡数量还将随着土地流转规模的不断扩大和务工人数的不断增加而增加。二是新增一批存款。建设银行除了 1.08 亿元贷款的利息收入外，农户劳务费、土地流转费、项目工程进度款、结算款、质保金转账支付以及农银企产业共同体项目投产后的长期收入都将作为存款进入建设银行专户，同时可吸引商家及施工单位的其他存款，大大增加了银行储蓄金，提升了银行盈利水平。三是新增合作领域。银行通过农银企产业共同体项目增进了对"三农"的了解，可挖掘更多合作领域，在乡村振兴新时代和农村产业革命中开展更多业务合作，开发更多涉农金融产品。

（三）企业效益：破解了融资难题

一是融资能力增强。农银企产业共同体融资模式促进了政府、银行和民间资本联动发力，有利于共同应对市场挑战，增强企业综合实力。此外，企业还能够利用土地经营权、林木所有权等生物性资产作为抵押物，以土地综合性长期收益、资源沉淀增量收益、上下游资金闭环运行收益、农业保险功能、农业担保作用为增信措施，进一步提升了企业信用度，畅通了农业企业融资渠道，极大缓解了融资压力。二是盈利水平提升。由于社会资本具有市场、管理、技术等优势，是产业发展的主力军，所以在组建SPV公司时，社会资金出资额虽然只占50%，但按照农银企产业共同体利润分配原则，社会资本可以获得60%的利润，充分体现了市场分配原则，有利于增强企业发展信心，有利于激发企业发展潜能，有利于推动企业做大做强。三是产业发展加速。通过政银企合作，企业在短期内集聚了大量资金，满足了生产、加工、科研等各重要领域和关键环节的资金需求，能够让企业迅速按照规划投入产业化经营，相比原来依靠逐年积累发展资本，极大缩短了产业发展周期，推动农业产业化发展步入了"快车道"。2021年六枝木岗基地猕猴桃即进入初挂果期，2022年逐渐进入盛挂果期并开始产生利润，2023年全部进入盛果期，收入和利润将持续提升。从2024年开始，猕猴桃亩均产量可稳定在1.2吨左右，收入和利润将稳定增长，产业发展将进入"全盛期"。

（四）农户效益：拓宽了增收渠道

一是土地流转助力增收。目前木岗镇土地流转费为800元/亩，10000亩的土地流转费用每年合计达800万元。2019年至2020年两年土地流转费用达1600余万元，可带动10个村6475户均增收2471元/年。二是"三变"改革促进增收。通过"三变"模式，农户以土地等生产要素入股农银企产业共同体企业，把农银企产业共同体企业与农户紧密联结在一起。木岗猕猴桃基地项目产生收益后，市农业开发投资有限责任公司所获取的40%的利润将按照"1144"方式进行二次分配，进一步拓宽了农民增收渠道。三是基地务工带动增收。木岗猕猴桃基地能够为当地农户提供如土地整治、栽杆搭架、育苗管护、苗木移栽、绑苗剪枝、翻地浇水、打药施肥等大量工作岗位，周边村寨的农户经过简单培训即可胜任。基地平时每天平均可为约 100 人提供务工岗位，在 5~6 月的用工高峰期每天可达 200 人以上。自 2018 年 12 月以来，基地已经用工 3 万余次，截至 2019 年 2 月底已支付农户劳务报酬 200 多万元。

资料来源：六盘水市农业农村局。

五、组织方式

组织方式是农村产业革命的重要黏合剂。农村产业革命组织方式创新的核心问题在于，如何将千家万户的小农生产有效黏合起来、聚集成全抱团发展的同时，将生产端与市场端有效黏合起来实现产业兴农民富。贵州省委十二届五次全会明确提出，"要因地制宜推广'龙头企业+合作社+农户'组织方式"，并将其作为纵深推进农村产业革命的重要保障。同时，贵州省注重发挥基层党组织的堡垒作用，创新出"村党支部+企业（产业大户、致富能手）+贫困户"的互助扶贫模式。贵州省各地区农村产业革命组织方式的典型做法参见表6-4。

表 6-4　贵州省部分地区农村产业革命的组织方式典型做法

地区	典型做法
贵阳市	加快建设生产合作、供销合作、信用合作"三位一体"的新型合作组织。引导农民建立以家庭农场、合作经济组织、村集体经济、龙头企业等为主的农业复合经营体系
遵义市	培育合作社、家庭农场、生产大户等新型农业经营主体，建立农户与各类经营主体的利益联结机制，通过流转、入股等方式，确保全市 60% 以上农村土地由新型经营主体经营

续表

地区	典型做法
毕节市	积极引进省内外优强农业龙头企业开展生产经营业务，支持各类农业中小微生产经营主体发展壮大，引导组建农民专业合作社
六盘水市	坚持"强龙头、创品牌、带农户"战略，大力培育和引进优强经营主体。截至2018年底，全市共引进和培育市级以上农业龙头企业206家。其中：省级龙头企业88家（其中，2018年新增31家）；全市100%的贫困村建立村级农民专业合作社，每个村级合作社均有自己的主导产业及管护制度。如盘州市由5家平台公司牵头实施8大主导产业，以506个村级合作社为纽带，平台公司充分发挥"外联市场、内结基地"的载体作用，平台公司负责苗木、农资和资金保障，村级合作社负责组织农户实施产业种植和管护，行业主管部门负责争取上级各类政策资金，强化技术服务指导
黔南州	结合产业发展需求，以"龙头企业+合作社+农户"模式，开展中药材、茶叶、梨树、刺梨、蔬菜等种植养殖技术培训
黔西南州	积极探索"三变四化"（即资源变资产、资金变股金、农民变股东和村委平台化、村庄公司化、村民股东化、村务社会化），大力推进"村社合一"，推动实现村级公司实体化、股份化、资源化运行，带动群众增收致富，增加村集体经济收入
铜仁市	建好用好合作社、专业种植养殖场等市场主体，创新生产经营方式，推进生态农产品规模化生产、经营，坚持强龙头、创品牌、带农户的思路，以"公司+合作社+农户"的普遍模式，将生态农业产业引入大市场
黔东南州	聚焦组织方式转变，推动"企业+合作社+农户"模式深化利益联结。通过企业发展和引导，由"做给农民看、带着农民干"向"农民主动学、农民主动干"转变，不断激发内生动力。目前全州充分利用山区山地，在过去的荒山上种植"致富药"，发展钩藤种植36万亩，每亩平均产值达到2000元以上，真正把过去的"穷山"变成了绿色的"金山银山"。黔东南州黄平县采取"企业+村委会+合作社+农户"模式，在一碗水乡发展万亩中药材产业园，引进入驻企业2家，组建3个合作社，发展中药材种植8500亩，其中太子参7100亩、白芨1050亩、大马士革玫瑰350亩；覆盖园区1310户农户（其中贫困户56户），采取"扶贫项目+公司+贫困农户"模式覆盖贫困户56户221人，按照"保底+收益分红"模式共享发展，贫困户均获得保底分红1000元，按照扶贫资金量化入股分红，贫困户户均预计实现年增收1万元以上
安顺市	大力开展招商引资和招才引智，培育引进一批农业产业化龙头企业，积极壮大村级集体经济；每个村、每个主导产业都要成立农民专业合作社，每个贫困户都要加入农民专业合作社，大力推进"村社合一"发展模式

六、产销对接

产销对接是农村产业革命成败的关键一环，最关键的是要解决好贵州农产品"卖给谁、谁来卖、怎么卖"的问题。贵州省坚持"主导省内市场、抢占省外市场"的原则，畅通销售渠道，稳定产销关系，积极促进农产品外销。充分利用对口帮扶城市资源，组织开展农产品展示推介活动，重点面向珠三角、长三角等发达地区开设销售窗口。大力培育商贸流通企业、农产品经济人等专业化市场主体，实现产销精准对接，建立稳定的销售渠道，解决贵州农产品谁来卖的问题。强化品牌建设，提升农产品质量安全水平和市场竞争力；推动大数据在农业产销各环节的广泛应用，积极发展农产品电子商务。继续推动贫困地区农产品"进市场、进学校、进超市、进医院、进机关、进企业、进高速公路服务区"七进活动。贵州省各地区农村产业革命产销对接的典型做法参见表6-5。

表 6-5　贵州省农村产业革命的产销对接典型做法

地区	典型做法
贵阳市	发挥贵阳农产品物流园、贵阳地利农产品物流园等一级批发市场的主渠道作用，加大超市销售终端和产地批发市场建设，建立直供直销的流通体系；发挥惠民生鲜超市等公益性平台"菜篮子"保供稳价作用，确保主要农产品售价低于周边省会城市，发挥公益性流通体系主体作用；进一步推动农产品进学校、进医院、进机关、进社区，开展中央厨房集配服务，努力提升集团化配送服务能力；搭上贵州蔬菜集团外销大船，不断拓展销售渠道，组织本地蔬菜重点企业、合作社与贵州蔬菜集团洽谈，通过订单等市场手段，推动规模化生产，强化品牌效应，提高产品附加值
遵义市	推进"黔货出山""遵品入沪"，与上海东方航空、盒马鲜生等企业签订了销售合同订单，与重庆双福市场、永辉超市等建立起稳定的生鲜农产品销售通道。依托上海商务扶贫联盟，与京东合作，在上海的酒店、小区、医院、高铁站等公共区域设立智能化自动售货机100多台

续表

地区	典型做法
毕节市	将产销对接作为推动农村产业革命的关键一招，创新用好"信息员"、当好"推销员"、建好"配送员"、定好"采购员"、选好"代办员"的"五大员"机制，开启以市场选产业、以优势定产能、以订单促产量、以共建增产值的发展路径
六盘水市	突出一个"通"，搭建"产销对接"这个桥梁。按照"以需定单、以单定产、以产定扶"的要求，大力发展订单农业、定制农业，促进农超、农校、农批、农企、农商对接，建立稳定直供直销机制。加快构建少环节、低成本、畅通高效的农产品现代营销网络，提高农产品流通效率，带动贫困户增加收入。在大连设立六盘水农产品直销窗口 7 个，对接配送 61 个贫困村的蔬菜、水果等农产品进入超市和批发农贸市场。组织猕猴桃等农产品出口俄罗斯、美国、加拿大及中国台湾
黔南州	积极与省内外优质企业联系，通过校企合作、政企合作等模式，为群众解决销路，尤其是抓好广州对口帮扶的机会，利用黔南州的水、陆、空立体交通优势，让蔬菜、马尾绣和农特产品等快速销往沿海一带，直通港澳和东南亚市场
黔西南州	通过为农产品搭平台、编目录、拓市场等方法创新产销对接机制，建立集采购、加工、销售、配送为一体的农产品销售平台。掌握全州农产品基本情况，拓展州外重点市场
铜仁市	着力构建全产品流通体系，补齐农产品流通供应链条，强化农产品产销对接，加快发展农产品电子商务，加强品牌培育和推介力度
黔东南州	聚焦规模发展，加快产销对接拉动。立足区域自然特点，以及地方品种特色，重点发展以三穗县为中心的生态禽产业，打造特色鲜明、优势突出的产业发展聚集区 依托杭州对口帮扶、深圳华侨城集团定点帮扶等平台，加大对三穗鸭产品的宣传力度，拓宽市场销售渠道和区域。积极建立批发交易与直接销售相结合、网上交易和现场交易相结合的农产品市场流通体系，大力推进淘宝、京东、农高网等线上服务平台和专卖店、体验店等线下服务面的提升
安顺市	以县区为主体推行"公司+合作社+农户"组织方式，搭建各级平台公司，构建各环节"无缝对接"的销售体系

七、利益联结

农村产业革命的根本出发点是促进农民增收。因此，创新利益联

147

结机制、构建农户与企业"利益共同体"是推进农村产业革命的关键环节。贵州农村产业革命推进过程中，注重将龙头企业和农户各种生产要素科学组合，向规模、品牌、市场要效益，构建合理的利益分配格局，提高企业和农民积极性，实现生产效益的最大化；同时政府在培育造就职业农民队伍、规范引导市场环境、农村土地经营权有序流转等方面积极作为，为企业发展壮大创造良好的政策和发展环境。

贵州省毕节市在推进农村产业革命的过程中，探索形成了"六联六带"的利益联结模式，使小农户尤其是贫困农户有利可联、有法可联，在产业发展中获得实实在在的利益。其主要做法和成效参见案例6-2。

案例6-2　贵州省农村产业革命的利益联结典型案例

六盘水市农银企产业共同体创新试点项目调研报告

为加快发展蔬菜、茶叶、经果林、中药材、牧草等替代产业，培育壮大新型经营主体，毕节市出台《创新新型农业经营主体利益联结机制工作方案》，形成以"六联六带"为重点的利益联结模式，实现有利可联、有法可联。

联结资产资金，带动贫困户分红获利

毕节市深入推进"三变"改革，由政府引导扶持经营主体发展适度规模生产，通过基层组织引领建立基地，贫困户以资金（土地流转资金、退耕还林资金、特惠贷资金等）、土地等作为资本入股企业，公司与贫困户签订相关种植协议，由公司统一购置种苗，统一技术培训，统一技术指导，统一建立基地，统一规范管理；项目建设管理期，公司将栽培管理至收获阶段以短养长产业的经营种植权交给贫困户负责，农产品由公司协助组织农民对外销售（或统一收购），销售利润按照一定比例进行分红。通过大力培育股份贫困户，带动贫困户通过流转土地、入股获得分红等财产性收入，以及销售利润的二次分红。百里杜鹃管理区采取"公司+合作社+贫困户"的模式发展茶产业，由百里杜鹃红杜鹃生态茶叶有限公司统一出资规划建设，村级成立农民专业合作社和劳务公司，统一组织建设和劳务派遣。建设期间，贫困户以土地、劳务、"特惠贷"入股，为解决以短养长问题，由公司采购大豆，合作社组织贫困户在茶行间套种，大豆收获后公司按照保底价3元/斤统一回收，项目共带动3649户农户（贫困户923户）增收。茶叶投产前，合作社、贫困户享受土地入股户均分红1885元（每亩按370元固定分红）、劳务入股户均分红3840元、特惠贷入股户均分红3500元（按入股资金10%固定分红）、大豆户均增收10425元；茶叶投产后，公司将茶园返还贫困户进行管理，并按市场价保底回收茶青，贫困户每年户均增收12500元以上。截止到2018年6月，贫困户利用承包地、荒山荒地入股公司发展茶叶产业2.5万亩，共带动5.6万人次参与务工，其中贫困户1.85万人次。

联结"村社合一"，带动贫困户合作经营

毕节市积极引导支持"村社合一"发展，充分发挥基层组织作用，通过村支部组织种养大户、贫困户建立合作社，以"三变"改革为抓手，大力推广"公司+基地+合作社+农户"模式，全面落实贫困户在产业链、利益链、价值链中的环节和份额。群众以土地、资金入股经营主体，签订股东协议和分红协议，由专业合作社种植管理。通过合作社与贫困户建立有效的利益联结机制，群众可以通过土地流转获得土地收益+分红资金+务工补助等多份收入，同时也壮大了村集体经济。毕节市各县（区）还积极开展"塘约道路"试点建设，组建"村社一体"合作经济组织，全市建立"塘约经验"试点示范村350个，成立"村社一体"合作社1585个，参与贫困群众7.6万人。金沙县充分发挥基层组织在利益联结中的主导作用，加强"村社一体"合作社建设，西洛街道结合实际将农户承包地等可经营性资源确权量化到人，引导入股到"村社合一"合作社，实现资源统一规划、产业统一发展、产品统一销售、改革红利统一分享，11个社区办理了"村社合一"合作社营业执照，经营3280亩茶叶、2500亩辣椒、1500亩荷花、1个年出产生猪6000头的养殖场，提高了抱团发展能力；同时探索形成土地入股基本金、劳务挣薪金、利润分红、"特惠贷"入股分红、反包倒租等农户利益联结机制，带领群众共同致富，促进了村级集体经济的快速发展。

联结龙头企业，带动贫困户搭船发展

毕节市加快发展山地高效生态农业，注重产业项目和农业园区建设，大力培育引进、做大做强龙头企业，深入调整优化产业、产品、区域结构，抓好品种、品质、品牌建设，推进农业区域化、规模化、标准化和产业化发展。一方面，发挥龙头企业示范带动作用；另一方面，成立平台公司，发挥政府国有公司主导作用。推动农业产业集群发展，大力培育主导产业，做优做强特色产业，利用经济溢出效应和技术溢出效应，解决农业产业结构调整和产业脱贫攻坚的资金和技术瓶颈，让贫困户分享技术、市场等的溢出效益。如毕节市积极组建县、乡级国有农业产业投资公司，创新发展"国有农业产业投资公司+龙头企业+基地+农户""国有农业产业投资公司（龙头企业）+乡镇+农户""国有农业产业投资公司+村集体+农户"等模式，截至2019年3月底，全市组建县级国有农投公司44个、乡级102个，共整合资金51.94亿元，带动农户115.27万人，其中贫困户36.55万人。金沙县岩孔街道箐河社区采用"国有公司+农业龙头企业+社区集体经济股份合作社+农户"的模式，借助贵州新农汇生态农业发展有限公司发展香葱种植4000亩，将基础设施和生产周转资金全部量化为社区集体和国有公司股份，按纯收入的10%分红，吸纳贫困户用土地和劳动务工入股，分红收入不低于土地流转和劳务工资，社区集体经济股份合作社组织贫困户种植香葱，公司按鲜香葱2.4元/公斤保底价随行就市收购，每亩每年产值2万元以上，贫困户纯收入8000元以上，年均务工收入1万元以上。

联结就业务工，增加贫困户打工收入

毕节市各地采取多种方式支持发展农业适度规模经营，鼓励经营主体返聘流转土地的贫困户到基地的生产、加工、流通各环节劳动务工，使得贫困户变为农业产业工人，获得长期性工资收入。获得扶贫资金项目支持的经营主体，必须优先招收贫困户劳动务工。经营主体所在村建立的种养殖基地，必须优先聘用当地流转土地的贫困户、农户。如赫章县引进贵州赫鲁农牧发展有限公司，采取"政府+公司+贫困户"的模式，投资发展7000万羽生产加工一条龙肉鸡养殖体系，项目总投资25.46亿元，建设种鸡场10个，饲养存栏量90万套，建设孵化场1个，建设肉鸡饲养场50个，分别配套建设饲料厂、屠宰加工厂、熟食品加工厂、羽毛蛋白粉厂、生物有机肥厂各一个，项目建成可直接解决4500人就业，其中贫困户70%以上。

联结技术服务，带动贫困户科学种养

毕节市鼓励农业科研单位和技术人员以技术服务、技术参股、技术转让和技术创业等方式参与农业园区建设和经营，推进产学研结合，提高园区科技创新与成果转化能力。乡镇、村社结合实际对零星分布、不便规模耕种的土地进行结构调整，引进企业提供技术支持，发放替代种植作物种子苗，加强技术指导，由群众自主种植管理，政府和公司签订协议，由公司按市场价（或保底价）统一收购，使贫困户在统一技术标准生产中获利。如毕节市金海湖新区双山镇双小坝社区花椒基地将种植花椒的土地纳入营造林项目，五年内兑现1200元/亩的补助，贵州本原农业开发有限责任公司为贫困户提供种植花椒前两年所需的农药、化肥和技术指导，并收购鲜花椒，按照市场价销售后2元/斤支付贫困户，1元/斤作为公司销售成本，剩余资金按照合作社5%、贫困户48%、公司47%的比例再次分配，同时公司按照100元/亩给贫困户支付劳务、管理费。如黔西县雨朵镇采取"龙头企业+农民合作社+贫困户"的利益联结机制，通过申请产业扶贫资金，群众购买鸡苗交由企业代养，企业负责技术、饲料、管理、销售，合作社负责协调服务，去除成本，按群众70%、企业20%、合作社10%的比例进行分红，让贫困户规避了技术风险。

联结市场营销，带动贫困户走向市场

毕节市注重拉近贫困户与市场的距离，把贫困户引向市场，把市场导向农村。引导扶持经营主体发展订单农业，提供技术服务，保底价包销产品，创新"互联网+电商"等模式，促进线下线上融合发展，实现"订单下乡，产品进城"，帮助贫困户就地生产创业，获得稳定的经营性收入。政府通过与省内外大中城市洽谈招商销售，借助对口帮扶城市以及定点帮扶的平台，与农产品需求城市的超市、农贸市场、商场、企业、机关单位、学校、医院等签订订单合同，在贫困户中开展农产品订单种植工作，有保障地助推贫困户增收。如纳雍县围绕"产得出、销得去、卖得好"的目标，充分把握市场营销关键一环，订单合作、批量销售，与粤望集团、纳雍县教育投资公司达成长期合作购销意向，并将价格控制在市场波动范围，不低于全市均价。依托农村电商拓宽销售平台，建立12个农村阿里巴巴直销网点，搭上农超对接、"纳货出山"直通车。通过更好地联结市场，让贫困户拿到离市场和消费最近的钱，获得更大利益。

资料来源：毕节市"六联六带"利益联结助农 脱贫增收［N］.贵州日报，2018-05-15（012）.

八、基层党建

(一) 总体做法

夯实基层党建,是打赢农村产业革命的固本之举。基层党组织是党的领导延伸到基层的重要载体,党的一切路线方针政策和决策部署,最终要靠基层组织贯彻落实。因此,基层党组织是推进农村产业革命的"先锋队"和"带路人"。

贵州省充分发挥基层党组织的战斗堡垒作用,推动在村民党小组建立党支部,采取"党支部+合作社+农户"等方式,全面推广"三变"改革和"塘约经验",推进农民合作社、主导产业、贫困户利益联结机制三个全覆盖,组织贫困户参加合作社、抱团脱贫致富。

在发挥党员干部引领作用方面,以服务脱贫攻坚和乡村振兴为导向,选优培强农村基层党组织带头人,优化农村基层干部队伍结构;以党建引领人才培养,在返乡回村的"能干人"、下乡创业的"实干家"中发展党员,用知识、能力充实党支部,提高党支部领导服务发展的能力,推动队伍"强"起来。农村党员致富带头人紧紧团结在党组织周围,在脱贫攻坚重大任务和困难考验面前,冲锋在前、敢打硬仗,充分发挥模范带头作用,带领群众一起共同走上致富路。

在驻村帮扶工作方面,以"选得准、下得去,融得进、干得好"为标准,把精兵强将选派到攻坚一线,充分发挥"尖兵"作用,攻坚克难。2018年,全省共选派8542名第一书记、35195名驻村干部"轮战"驻村,在脱贫攻坚战场上带头"冲锋",从省直部门遴选65名优秀处级干部到贫困县挂职,从市县选派438名优秀干部到乡镇挂职,推动33454名县乡干部下沉到村民小组。

（二）各地实践

贵州省各地区围绕推进农村产业革命，不断筑牢基层党组织堡垒，强化"内功"提升党建水平，充分发挥组织优势，做好"党组织+"大文章。推动基层党组织对接上下、连通内外，成为产业发展的"堡垒"和"指挥所"。各地主要做法见表6-7。

表6-7 贵州省农村产业革命的基层党建典型做法

地区	典型做法
贵阳市	强化农村基层党组织建设在乡村治理体系中的领导核心作用，坚持把政治建设摆在首位，突出抓好党建促乡村振兴。切实加强以创新型党支部为核心的基层党组织建设，深入开展领导班子好、党员队伍好、工作机制好、工作业绩好、群众反映好"五好"基层组织创建活动，选优配齐政治素质好、带富能力强、协调能力强的村党组织书记。提倡村党组织班子成员或党员依法兼任（担任）其他村级组织和相关合作经济组织负责人
遵义市	创新村级治理管理机制，把支部（合作社）建在产业上、基地上，选优配强村支部书记，由村支两委中懂经营、善管理的能人兼任理事长，实现能人治村、能人治社，以产业实体培育壮大村集体经济，提高产业组织化、社会化程度。全面组建村级集体合作社，大力创建生产、供销、信用"三位一体"新型基层供销合作社示范社，推动农村产业快速发展
毕节市	以"大党建"为统领，深入实施村级活动阵地提升、"空壳村"清零、基层基础保障、后进村党组织整顿、"范本村"创建、基层减负、党建责任落实"七大工程"；在有3名以上正式党员的产业链（专业合作社）成立党支部；不断夯实的基层组织和产业党支部成了拉动产业发展的火车头
六盘水市	推进联村党委规范建设，坚持把基层党组织建在扶贫产业链上、建在合作社上、建在生产小组上，抓好后进村党组织整顿，加强"三农"队伍建设，大力推广"三变"改革，大力发展壮大村级集体经济，轮战干部、第一书记和乡村干部并肩作战，采取百姓龙门阵、院坝会、田埂会、入户座谈等灵活多样的形式，大力开展产业结构调整宣讲和培训，组织发动群众积极参与，不断提高发展产业的能力
黔南州	坚持把党建工作和精准扶贫拧成"一股绳"，狠抓基层组织建设，以增强基层党组织的"凝血""造血""活血"功能为导向，着力发挥基层党支部带领群众脱贫致富的核心引领作用，切实打好基层党建要素保障攻坚战

地区	典型做法
黔西南州	探索实施党组织带领、党员带头、干部帮带、合作社带路、龙头企业带动"五带"工程，在全州选取 86 个先进村，跨县市、跨乡镇结对帮扶 59 个深度贫困村和 26 个攻坚任务较重的贫困村，帮助调整优化产业结构，发展村集体经济，同时已创建党员创业带富示范户 1057 户、党员创业带富示范基地 44 个。针对易地扶贫搬迁和 500 亩以上坝区产业发展，大力推进"两业双带"工作，其中以坝区产业示范带动山区产业，加快实现"五个百万亩"目标
铜仁市	持续做好第一书记和驻村干部选派工作，选优配强贫困村党支部书记，大力选用"懂农业、爱农村、爱农民"的基层干部。加强农村基层党组织带头人和党员队伍建设，把基层党组织建在扶贫产业链上、建在合作社上、建在生产小组上，选好配强合作社带头人，充分发挥政治核心、政治引领作用，积极推广"塘约经验"
黔东南州	聚焦党社联建，构建产业抱团发展机制。黔东南州锦屏县积极探索和推广"龙头企业+合作社+贫困户""合作社+十户联体""企业带富""联建党委"等利益联结模式助推鹅产业发展，确保贫困户持续增收、稳定脱贫
安顺市	以提升组织力为重点，选出组织放心、群众满意、社会认可的村"两委"班子，选好用好管好农村基层党组织带头人，从严加强农村党员队伍建设。持续推动工作中心向基层转移、工作力量向基层下沉、政策资源向基层倾斜，扩大党的组织和工作有效覆盖，把基层党组织建设成领导基层治理、团结动员群众、推动改革发展的坚强战斗堡垒

第七章

农村产业革命的提升路径

贵州在农村产业革命方面已经有非常丰富的实践，积累了丰富的经验，但从理论逻辑来讲，要实现农村产业革命仍需要做好很多方面的工作。本章提出了进一步提升农村产业革命的具体路径。

一、夯实基础设施

如前所述，基础设施是经济发展的重要基础，无论是贵州农村产业革命的初期启动还是长久发展都需要以高质量的基础设施条件为基础。产业发展的必备的基础设施至少包括路、水、电、信息化网络、物联网、高标准农田和各类农业园区等，这些基础设施的有无和强弱直接决定了产业能否落地和发展。

(一) 强化乡村公路建设

以"公路上等级、路网趋优化、管养全覆盖、通行提能力、安全有保障、环境更优美"为基本原则，密化农村公路网络、强化乡村公路质量、打通城乡路网连接。持续推进以农村公路"组组通"为重点的基础设施建设，优化加密农村公路网络，深入开展"四好农村路"。进一步巩固提升农村公路质量，加强农村公路安全管理，强化农村公路绿化美化，完善农村交通运输体系。因地制宜地规划建设一批农村停车场。整合各类道路交通建设项目，重点围绕农业园区、生产加工基地、交易市场和重点产业带，大力兴建产业路、致富路、扶贫路和旅游路，实现 12 个特色农业产区、基地、市场、农业园区、旅游景区与高速公路、主干道路互联互通。继续推进县乡公路改造，开展"四

159

好农村公路"示范县和示范项目创建工作，推动城乡交通基础设施互联互通。加快实施县乡公路改建、建制村通畅、通村公路完善、安全生命防护、桥涵配套及危桥改造等工程。继续把农村公路建、养、管经费全部纳入省、市、县政府财政预算，并建立逐年增长机制。

（二）优化乡村水利设施

抓好农村饮水安全和农田水利灌溉两个核心任务，建设"安全有效提质稳供"生活生产用水体系。大力实施农村饮水安全巩固提升工程，补齐设施短板，提高工程标准，大力发展集中供水，稳步提升农村自来水普及率和集中供水覆盖率。加快城乡供水一体化工程。持续强化农田水利灌溉设施体系建设，加快推进骨干水源工程建设，继续扩大耕地灌溉面积、增加高效节水灌溉面积。强化中小河流治理项目和病险水库除险加固建设，加强山洪灾害防洪治理项目建设，进一步提高山洪灾害防治能力，确保重点地区排涝能力逐步提升。充分利用"云上贵州"大数据和贵州"水利云"，推进智慧水利建设。深化农村水利工程产权制度与管理体制改革，推动水利工程管理标准化建设试点工作，健全基层水利服务体系，推进落实建后管护体系。

（三）升级改造电力设施

以"智能高效安全可靠绿色便捷"为目标升级改造乡村电力基础设施体系。加快新一轮农村电网改造升级实施进度，全面解决全省农村地区供电能力不足、电压不达标、网架薄弱等问题，巩固农村通动力电工作，加快开展贫困地区电网项目建设。按照科学布局、合理规划、高效利用、统筹协调的原则，持续推动乡村电气化提升工程。大力实施"农村电网供电能力提升、农村电网智能互联能力提升、农村供电服务能力提升和电网管理体制理顺"四大工程，强化农村供电服务基础管理，统筹城乡电网协调发展，提高农村电网装备自动化、信息化水平。实现农村从"用上电"向"用好电"发展。

（四）深化乡村信息化水平

以"广覆盖高速率重服务惠三农"为目标战略建设和升级改造乡村信息化基础设施体系。持续实施"满格贵州""信息乡村""数字乡村"战略，全面建设"宽带乡村"示范工程和4G/5G网络覆盖工程，加快实现所有行政村光纤全覆盖，弥合城乡数字鸿沟。打造现代智慧的"三农"互联网信息化服务设施体系。建立健全农业大数据采集更新体系，利用遥感监测、全球导航定位、物联网、实地调查、互联网挖掘等技术，建立起涵盖种植养殖生产、销售与市场价格的贵州农业大数据库及长效更新机制，开展农业生产、新型经营主体、市场价格等数据的持续采集。加快智能设备等现代信息技术与农村生产生活全面深度融合，深化农业农村大数据创新应用，推广远程教育、远程医疗、金融服务进村等信息服务，建立空间化、智能化的新型农村统计信息系统。加强农业信息与"云上贵州"平台的互联互通，实现涉农数据的集成整合。加强数据应有分析，定期对种植结构、产业发展、经营效益等进行深度分析，为坝区农业结构调整提供决策支撑。建立跨部门数据交换共享机制，实现国土、气象、扶贫等农业相关数据资源的实时共享，提升气象为农服务能力，加强农村防灾减灾能力项目建设。实施智慧农业工程和"互联网+"现代农业行动，提升农业信息化技术服务和装备制造能力。加快对农田作物和经济林木种植、畜禽养殖、渔业生产等进行数字化改造，加强农业遥感、物联网应用，夯实农业数字化基础。建设基于卫星遥感、航空无人机、田间观测一体化的农业遥感应用体系。推进"大数据+农业"深度融合，积极创建智慧农业综合服务云平台和系列应用APP，建立完善全省"互联网+"现代农业生态圈，以提升农业监测预警能力和智能化生产经营水平为重点，着力推动农业特色产业智慧化建设，持续推进农业大数据应用。强化乡村信息化基础设施建设过程中的网络安全工作，确保信息系统网络运行安全、重要数据安全和公民个人信息安全。

（五）打造现代乡村物联网

按照"能生产、存得住、能运出"的目标加快乡村物联网设施体系建设，建成一批现代化的农产品市场。围绕500亩以上坝区农业产业结构调整和12个特色产业等重点产区，结合农商互联示范县项目，加强产地型冷库、预冷库、低温加工处理中心、具有冷藏功能的产地加工集配中心等冷链设施、农产品商品化处理设施以及冷链物流的建设。优化整合50个规模化农业物联网基地。加大产地分拣包装及冷链物流等配套建设，实现全省冷链物流中心全覆盖，为生鲜农产品储存、运输、销售提供良好保障。加快完善粮食现代物流体系，构建安全高效、一体化运作的粮食物流网络。加快构建农村物流基础设施骨干网络，鼓励商贸、邮政、快递、供销、运输等企业加大在农村地区的设施网络布局。加快完善农村物流基础设施末端网络，鼓励有条件的地区建设面向农村地区的共同配送中心。

（六）建设高标准农田

坚持藏粮于地、藏粮于技战略，严守耕地红线，全面落实永久基本农田特殊保护制度，坚持"夯实基础、确保产能，因地制宜、综合治理，依法严管、良田粮用"的原则，加强高标准农田建设，实施耕地质量保护和提升行动，耕地质量进一步提升。大力推进农村土地整治，以促进城乡统筹发展为导向，大力推进城乡散乱、闲置、低效建设用地整理。以精准扶贫、精准脱贫为要求，大力推进贫困地区土地综合整治。推行绿色土地整治，按照统筹山水林田湖草系统治理要求，大力推进土地复垦，加强生态保护和土地修复，全面实施非农建设占用耕地的耕作层剥离利用工作，促进土地资源永续利用。加快"两区"建设，以永久基本农田为基础，全面划定粮食生产功能区和重要农产品生产保护区，形成布局合理、数量充足、设施完善、产能提升、管护到位、生产现代化的"两区"。优先在"两区"建设高标准农田，加强高标准农田信息化管理，所有高标准农田实现统一上图入库，形成完善的管护监督和考核机制。引导农业政策向"两区"倾斜。切实提升耕地质量。通过对中低产田开展土地平整、土壤改良、灌溉与排水、田间道路、农田防护与生态环境保持、农田输配电以及其他工程建设提升耕地质量。大力开展测土配方施肥、耕地质量保护与提升、水肥一体化和保护性耕作。建立耕地轮作休耕制度，推动用地与养地相结合，开展休耕试点县建设，积极探索用养结合新模式，保护和提升地力，实现资源永续利用和农业可持续发展。采取秸秆还田、秸秆青贮、种植绿肥和增施有机肥等措施，提高土壤质量，改造中低产田。加强农业面源污染监测和耕地质量监测工作。

（七）建设现代农业园区平台

充分发挥现代农业园区对全省农业产业发展的"集聚、示范、带动"作用。推进现代农业示范园区建设，坚持把农业园区建设作为现代山地特色高效农业发展的主平台、主载体、主战场，统筹谋划产业布局、基础支撑、主体培育、功能配套、要素集聚等各种因素，坚持全境域发展、全产业推进和全要素提升，坚持省市县乡四级协同推进，做大园区总量，形成乡乡建园区、县县有平台的现代农业发展格局。推进国家现代农业示范区建设，加强指导，强化考核，整合各种资源，着力把湄潭、清镇、松桃、龙里、兴义、金沙6个国家级现代农业示范区打造成为全省现代农业排头兵、农业改革试验田和区域农业展示板。落实国家农业部《关于创建国家现代农业示范区的意见》，发挥先行先试的示范作用，示范推广现代农业技术、提高农业装备水平、建立新的农业生产组织形式、开辟农业增效新渠道，推进区域现代农业发展。

二、深化农村产权改革

农村产业发展的基础是高效的生产要素市场，这依赖于完备的要素产权制度。因此要以清楚界定各生产要素的产权为核心，全面深化农村产权改革，推动要素市场建设，为各类要素在城乡间自由流动、有机组合、高效配置奠定基础。

（一）深化农地产权改革

高质量完成土地承包经营权确权登记颁证，推进确权登记颁证数据库和信息系统建设，建立承包合同网签管理系统，健全承包合同登记制度，实现承包土地信息联通共享。创新探索农村承包地"三权分置"制度，在依法保护集体土地所有权和农户承包权前提下，平等保护、充分放活土地经营权。积极探索承包土地经营权融资担保、入股从事农业产业化经营的实现路径。深入贯彻中央关于保持土地承包关系稳定长久不变的意见，保持土地集体所有、家庭承包经营的基本制度长久不变，保持农户依法承包集体土地的基本权利长久不变，第二轮土地承包到期后再延长三十年，总结提升全省"增人不增地、减人不减地"宝贵经验。建立健全土地承包权依法自愿有偿转让机制。维护进城农户土地承包权益，现阶段不得以退出土地承包权作为农户进城落户的条件。对承包农户进城落户的，引导支持其按照自愿有偿原则依法在本集体经济组织内转让土地承包权或将承包地退还集体经济组织，也可鼓励其多种形式流转承包地经营权。对长期弃耕抛荒承包地的，发包方可以依法采取措施防止和纠正弃耕抛荒行为。

（二）创新农村建设用地制度改革

充分吸收全国"三块地"改革试点经验，因地制宜地创新探索全省农村集体建设用地和宅基地的改革。扎实推进房地一体的农村集体建设用地和宅基地使用权确权登记颁证。完善农民闲置宅基地和闲置农房政策，探索宅基地所有权、资格权、使用权"三权分置"，落实宅基地集体所有权，保障宅基地农户资格权和农民房屋财产权，适度放活宅基地和农民房屋使用权。在符合土地利用总体规划前提下，允许县级政府通过村土地利用规划，调整优化村庄用地布局，有效利用农村零星分散的存量建设用地；预留部分规划建设用地指标用于单独选址的农业设施和休闲旅游设施等建设。对利用收储农村闲置建设用地发展农村新产业新业态的，给予新增建设用地指标奖励。进一步完善设施农用地政策。

（三）深化"三变"改革

以发展集体经济、促进农民增收、强化基层治理为根本目的，深入推进以农村资源变资产，资金变股金、农民变股东为统揽的农村各项改革，聚焦股份合作这一核心，推动城乡要素流动，促进适度规模经营，激发农村发展动能。引导农村集体耕地、林地、草原、"四荒地"等资源性资产和房屋、建设用地、基础设施等经营性资产，协商入股新型经营主体或组建股份企业，取得股份权利、参与分红。创新财政资金扶持方式，引导将政府投入到农村形成的集体积累和存量资产，以及各级财政投入到农村的发展类扶持资金（补贴类、救济类、应急类资金除外），量化为村集体或农户持有的股金，集中投入到新型经营主体，同时撬动社会资本投入，实行按股分红、利益共享。引导农民以其自有资金、物资设备、技术或劳动力、土地承包经营权、宅基地使用权等资源资产，协商入股新型经营主体成为股东，按股分红获利。

（四）持续推进农村集体产权制度改革

逐步构建归属清晰、权能完整、流转顺畅、保护严格的农村集体产权制度，保护和发展农民作为农村集体经济组织成员的合法权益。尽快完成农村集体资产全面清产核资，摸清集体经营性资产和资源性资产家底，明确集体资产所有权。依据有关法律法规，按照尊重历史、兼顾现实、程序规范、群众认可的原则，统筹考虑户籍关系、农村土地承包关系、对集体积累的贡献等因素，协调平衡各方利益，科学确认农村集体经济组织成员身份。加快组建农村集体经济组织，发挥其在管理集体资产、开发集体资源、发展集体经济、服务集体成员等方面的功能作用。加快推进集体经营性资产股份合作制改革，将农村集体经营性资产以股份或者份额形式量化到本集体成员，实行股份量化到人、颁证到户，并将其作为其参加集体收益分配的基本依据，且到2021年基本完成此项改革。建立严格的村级财务管理制度，探索农村集体经济多种实现形式和运行机制，管好用好集体资产，促进集体资产保值增值。坚持农村集体产权制度改革的正确方向，发挥村党组织对集体经济组织的领导核心作用，防止内部少数人控制和外部资本侵占集体资产。

（五）建立健全农村产权交易平台建设

推进农村产权交易市场建设，实施农村产权交易市场建设工程，搭建农村产权交易服务平台，做到县有服务大厅、乡镇有中心、村有服务组织，开展农村"三资"认证评估流转交易、登记颁证等服务，鼓励支持以市场化方式组建农村产权及其他权益类资产评估机构。形成农地供需对接无障碍、产权股份交易便捷的发展局面。

三、激活培育引进龙头企业

坚持"能育出、能引来、能留住、能带动"的"四能"原则，发展壮大全省农业龙头企业家队伍。

（一）优化企业营商环境

进一步压缩企业开办时间，加大审批权限下放或取消力度，优化审批流程，推行一站式审批，提高工作效率。营造良好的市场环境，完善市场准入制度和标准，清理阻碍资源要素自由流动的地方性法规，清除市场壁垒，推动劳动力、资本、技术等要素跨区域自由流动和优化配置。建立公平、开放、透明的市场规则，加强市场监管合作，建立区域间质量、资质互认制度。深入推进"诚信贵州"建设，全面整治失信、失约市场主体，推动政务诚信、商务诚信、社会诚信等制度建设，营造诚实守信的社会环境和重信守诺的良好风尚。依法打击各种侵占、损害他人合法权益的行为，维护合法企业权益，全面稳商、安商。加速完善项目服务机制，增强服务企业的主动性、有效性。

（二）加快培育引进龙头企业

以加快提升精深加工水平为主要目标，坚持把龙头企业作为实施全产业推进、多业态经营和全要素提升的关键，围绕延长产业链、提升价值链、完善利益链，加大招商引资和政策扶持力度，培育壮大一批龙头企业。要依托好田好土，围绕优势产业，培育壮大和引进一批农产品精深加工龙头企业、农业物流企业和全产业链龙头企业，带动提升精深加工水平，不断提高加工转化率。深入实施"双千工程"，引进省外企业到贫困县发展上市，助推一批省内农业龙头企业上市。支持省内国有企业和平台公司等投身现代农业，引导工商资本"转向改行"发展农业产业。引导企业和资源向农业园区、优势产区集聚，形成大中小并举、项目支撑配套、上下游产业互动的企业集群。以产业为纽带，以技术、市场为重点，推进农业企业开展跨区域、跨行业、跨领域合作，通过信息共享、资源互换、股份经营等形式，优化要素资源配置，培育壮大一批产业联盟和企业集团。

建立完善三级国有农业发展平台。发挥政府财政投入的撬动作用，省、市、县三级成立以国有资本为主体的农业发展公司，以政府引导、市场主导、社会参与的方式，承担农业、农村基础设施融资、投资建设以及营运管理、农业产业化发展、农业扶贫任务，有效解决现代农业发展资金瓶颈，推动全省现代山地特色高效农业发展。努力创造条件，积极组建农业集团公司。支持市、县建立政府控股的投资平台公司，完善相关政策措施，引导各类工商资本、社会资本投入乡村振兴。

四、培育壮大农业经营体系

全面实施新型农业生产经营主体培育工程，鼓励通过多种形式开展适度规模经营，同时建立健全生产服务体系建设，构建全面、立体、覆盖产前、产中、产后全过程的高效服务体系。

（一）培育壮大农业生产主体

1. 全面建立职业农民制度

实施职业农民培育工程，重点培育一批现代青年农场主、新型农业经营主体带头人、农村青年致富带头人、社会化服务人员、农业工人（雇员）、务农农民等各类型高素质农民，优化农业从业者结构。积极引导和鼓励有志于现代农业建设的农村青年、外出务工返乡人员、农技人员、大中专毕业生和退役军人等加入职业农民队伍。

2. 大力培育发展家庭农场

全面启动家庭农场培育计划，围绕特色优势产业和"一村一品"基地，推进土地、劳动力、资本等生产要素优化配置，因地制宜地培育一批"规模适度、生产集约、管理先进、效益明显"的家庭农场。完善家庭农场风险保障机制，建立家庭农场主培训制度，引导支持星级家庭农场承担适合的农业项目。引导有一定规模的专业大户向家庭农场转型，支持家庭农场领办合作社，具备条件的向公司制企业发展。

3. 大力发展农民专业合作社

引导支持农技人员、企业和农村能人领办参办农民合作社，积极开展农民合作社创新试点，重点培育发展一批运作规范、合作机制紧密的示范合作社。支持供销社加快推进基层供销合作社、社员股金服务社、农民专业合作社深度融合发展，建设生产合作+供销合作+信用合作"三位一体"新型合作社。提升合作社规范化水平。按照"从严把关、动态管理、有进有出"原则，打造一批产业特色明显、运行机制规范、服务带动能力强、产品质量安全、民主管理好的合作社示范社。实施农民专业合作社"扩量提质"工程，积极引导和支持农业产业化龙头企业、家庭农场、种养大户围绕产前、产中、产后各个环节，发展农产品生产、加工、销售等合作社，加快实现农民专业合作社村级全覆盖，尽可能多吸纳农民入社，推广"龙头企业+合作社+农户"生产组织模式。培育农机合作社、植保机防服务队等各类专业化、市场化的服务合作组织。

4. 发展壮大农业产业化联合体

创新农业经营体制机制，建立分工协作机制，引导龙头企业、农民合作社和家庭农场等农业经营主体组建农业产业化联合体，引领全省农村一、二、三产业融合和现代农业建设。发展土地适度规模经营，健全资金、技术、信息品牌等资源要素共享机制，推动农业产业化联合体融通发展，探索农村规模经营新模式，完善利益联结机制，形成利益同享、风险共担的经营联合体。

5. 把小农生产引入现代农业发展轨道

提升小农户组织化程度。加快构建生产组织、设施配套、产品营销三个体系，把千家万户组织起来抱团闯市场，共享规模经营效益。加快推行"多元担保、资源盘活、保险扩面"三个模式，开展进市场、进基地、进平台、进课堂、进银行"五进"服务，提升小农户抗风险能力。改善小农户生产设施条件，鼓励通过互换承包地、联耕联种等多种方式实现连片耕种，支持村集体组织小农户开展农业基础设施建设与管护，提高个体农户抵御自然风险的能力。

(二) 建立健全生产服务体系

围绕各类生产主体的现实需求，培育各类专业化市场化服务组织，形成立体式、融合式农业生产服务体系，为农业生产提供全方位、全链条的生产服务。

1. 创新提升专业合作社服务能力

扶持农民专业合作社，完善运行机制，提高服务能力。进一步加强农民专业合作社在农业服务中的基础地位，培育建设一批生产资料销售、机械、植保、劳务、资金互助等专业合作社，为各类农业生产主体提供全方位服务。重点组建覆盖全省范围的专业联合社，鼓励合作社开展合作与联合，引导合作社从"户户合作"到"社社联合"，将农业专业合作社"化零为整"，抱团发展，强强联合，形成风险共担、资金互助、利益共享、共闯市场的新型组织发展机制，使联合社真正成为连接农民、企业、市场的桥梁纽带。

2. 积极发挥供销合作社等经济组织的服务功能

拓展供销合作社经营服务领域，使其更好地履行为农服务职责。面向农业现代化、面向农民生产生活，推动供销合作社由流通服务向全程农业社会化服务延伸、向全方位城乡社区服务拓展，加快形成综合性、规模化、可持续的为农服务体系，在农资供应、农产品流通、农村服务等重点领域和环节为农民提供便利实惠、安全优质的服务。加强乡级技术推广机构建设，提高基层技术推广机构人员的素质，牢固树立为农民服务、为生产服务的观念，不断改进工作作风，提高服务质量，同时实行承包服务责任制，打破"大锅饭"。对有突出贡献的基层农业技术推广人员要进行表彰和奖励，优先考虑工资晋级。积极推进技术推广机构改革，鼓励农业、林业、水利等部门所属事业单位根据有关规定，兴办农业服务实体，强化为农民服务。积极发挥农垦等系统的优势，发挥国有农业排头兵作用。开展有偿服务增加的收入，主要用于改善工作条件，进一步发展农业社会化服务。要鼓励科研、教育单位和科技人员到农村去，开展各种有效的农业技术服务。探索他们的智力投入同产生的经济效益挂钩的激励机制。

3. 提高农业龙头企业服务能力

要完善企业与合作社（基地）与农民的利益联结机制，进一步加强龙头企业在农业社会化服务中的骨干作用。龙头企业应该树立服务意识。各部门应明确扶持方向、落实相关政策，向农业产业化龙头企业进行相应的政策倾斜；同时，要完善龙头企业和农民的利益联结机制，建立企业与农户"责、权、利"相一致的共同体。此外，要积极发挥龙头企业品牌化服务功能，大力培育品牌经营主体，支持和鼓励生产经营主体进行技术改造、产品认证、商标注册、人员队伍建设，不断扩大规模，实现由生产经营型向品牌经营型转变。

4. 创新发展服务联合体

创造条件，鼓励各类服务主体开展联合服务活动，发展多样化联合与合作，提升服务内容和质量。

五、建立健全人才支撑体系

深入贯彻中央关于人才体制机制的系列文件，切实把握贵州省相关人才体制机制的系列文件精神，充分结合农业农村人才工作的特点，建立健全农村产业发展人才支撑体系，为农村产业革命提供人才保障。通过完善人才激励体系、健全人才培育体系和畅通人才流动体系，打造农村产业人才聚集地和创业新高地，广聚天下英才，快速推动农村产业革命。

（一）完善人才激励体系

根据中央《关于深化人才发展体制机制改革的意见》，贵州省出台了《关于深化人才发展体制机制改革推进守底线走新路奔小康的实施意见》《贵州省乡村振兴战略规划（2018—2022年）》和贵州省农村产业革命系列文件，研究制定贵州省农村产业革命人才实施方案，制定培养、吸引和留住人才的相关政策，建立有利于培养人才、留住人才、吸引人才和人尽其才的管理机制和保障机制，为全省农村产业革命提供人才支撑。

推动大专院校、科研院所和农业产业化企业组成农业科技创新联盟。认真执行农业科研成果转化应用相关政策，健全种业等领域科研人员以知识产权明晰为基础、以知识价值为导向的分配政策。

（二）健全人才培育体系

在省、市、县、乡镇层面整合高等院校、科研院所、职业学校等教育资源，优化教育资源布局，完善教育基础设施建设。大力实施农业职业学院建设工程。建设办学理念先进、定位准确、特色鲜明、专业优势突出的省级示范性高等职业院校，建设国家级重点专业和省级特色专业。创新运用田间课堂、农民夜校、网上教学等形式，发挥各级各类创业大学、就业培训机构、创业孵化基地、农广校、农村电商基地等的平台作用。打造全方位立体式农业农村人才培育体系，使投身乡村振兴事业中的每一个微观主体都有机会接受再教育培训，为其成为人才提供基本条件。

大力实施农业科技人才培育工程。依托省农科院和贵州大学等科研院所，培养1000名科技创新人才、300名科技服务人才，形成15~25个优势特色重点学科团队，造就2~3名具有国内影响力的学科带头人、20名省级学科带头人、100名学术攻坚骨干。积极配合"万名农业专家服务'三农'行动"，从农业事业机构、大专院校、科研院所、相关企事业单位、农业产业化企业等组织选派500名农业园区、乡镇科技副职，1000名农业科技特派员，8500名农业辅导员，共10000名农业专家。每年选派2000名科技人员到"三区"提供科技服务、开展农村科技创新创业。落实基层在岗农技推广人员工资收入水平与基层事业单位的平均水平相衔接的政策，确保每个乡镇至少有3名农技人员专门从事种植业、养殖业和农产品质量安全方面的技术服务和监管工作。

（三）畅通人才流动体系

实施"三农"领域"黔灵聚才工程"和"雁归兴贵"等行动计划。鼓励社会各界投身乡村建设。建立有效激励机制，以乡情乡愁为纽带，深入实施春晖行动，吸引支持企业家、党政干部、专家学者、医生教师、规划师、建筑师、律师、技能人才等，通过下乡担任志愿者、投资兴业、包村包项目、行医办学、捐资捐物、法律服务等方式服务乡村振兴事业。鼓励返乡下乡人员依法以入股、合作、租赁等形式使用农村集体土地发展农业产业，依法使用农村集体建设用地开展创业创新；支持返乡下乡人员依托自有和闲置农房院落发展农家乐，开展乡村旅游；在符合农村宅基地管理规定和相关规划的前提下，允许返乡下乡人员和当地农民合作改建自住房。引导工商界人士积极投身乡村振兴事业，落实和完善融资贷款、配套设施建设补助、税费减免等扶持政策，明确政策边界，保护好农民利益。发挥工会、共青团、妇联、科协、残联等群团组织的优势和力量，发挥各民主党派、工商联、无党派人士等的积极作用，支持农村产业发展、生态环境保护、乡风文明建设等。实施乡村振兴"农民工返乡创业行动""青年建功行动""巾帼行动"。加强对下乡组织和人员的管理服务，使之成为乡村振兴的建设性力量。加强基层农技推广服务体系建设，探索公益性和经营性农技推广融合发展机制，支持农技人员通过提供增值服务合理取酬。实施事业单位专业技术人员助力脱贫攻坚三年行动计划，鼓励引导其到贫困地区挂职，参与项目合作，兼职、在职创办企业或离岗创业，为乡村振兴贡献力量。全面实施农技推广服务特聘计划。

六、持续实施科技品牌战略

如前述经济增长理论强调的，技术是经济发展的重要决定因素，因此，必须打通技术进入产业生产的渠道；同时，品牌化是固化产品价值评价的重要手段，是提升产业竞争力的重要战略，不但要生产，还要打造品牌，甚至区域品牌，最大限度提升产业发展的效果。

（一）强化农业科技支撑

1. 深化农业科技体制改革

完善符合农业科技创新规律的基础研究管理机制，建立差别化农业科技评价制度，强化知识产权保护，提升全社会的科技生产激励。建立以知识价值为导向的分配政策，落实科研成果转化及农业科技创新激励相关政策。

2. 创新提升农业科技自主能力

围绕动植物良种、高效生产、农业机械装备、农产品加工贮运等领域，启动实施一批科技项目。加强生物技术、信息技术、新材料技术、资源环境技术、质量安全技术等研究应用。加快农林类重点实验室、工程技术中心、产业技术创新服务平台、农业科技示范园区等创新平台建设。围绕优势特色产业发展，完善现代农业产业技术体系。在每个重点产业组建一支专家团队，开展重点领域、关键环节科技研发协作攻关，加大岗位科学家、功能实验室和综合试验站建设力度，重点在新品种、新技术的研发和应用上取得突破。

3. 加快农业科研成果转化

健全农业科技人员股权激励机制，积极培育农业高新技术企业，推进农业高新技术产业示范区建设，促进农业高新技术成果转化，强化现代农业产业技术体系建设，支持各类社会力量参与农业科技推广，加强农业重大技术协同推广。

4. 强化基层农技推广服务

进一步理顺基层农技推广管理体制，优化农业从业者结构，加快建设知识型、技能型、创新型农业经营者队伍。实施基层农技推广人员知识更新计划，探索开通学历提升"直通车"，不断提高农业技术推广的能力和水平。落实基层在岗农技推广人员相关补贴和职称晋升的优惠政策。推进与省内外高等院校、科研院所和农业园区共建产业技术创新战略联盟、农科教基地和协同创新中心。围绕一批覆盖面广，农户参与度高的绿色优质农产品，开展品种改良、病虫害（疫病）防控、加工储运保鲜等全产业链技术攻关并进行产业化示范推广，在农业产业聚集区探索建立专业化农技服务推广机构，建设一批农业科技示范园区，加大基层公益性农技推广力度。

5. 大力发展现代种业

加强种质资源保护利用、育种创新、品种测试、区域育种繁育等项目建设，推进南繁育种基地提档升级，积极开展贵州特色作物种质资源创制和新品种选育研究，进一步推进农作物优良品种更新换代。重点围绕种、养、渔三大产业，力争建成布局合理、设施完备、功能完善、机制健全的现代种业体系。开展良种重大科研联合攻关，积极搭建以企业为主体的现代分子育种平台，培育现代种业龙头企业。实施畜禽、水产良种工程和林木良种工程。

（二）实施农业品牌战略

加快品牌创建步伐，树立鲜明的品牌形象，充分发挥品牌的引领、支撑作用，提高市场竞争能力。

1. 振兴传统品牌

深度挖掘传统农特产品、加工技艺、农事相关的非物质文化遗产内涵，对都匀毛尖等曾获国际或国家级权威机构评选认定的传统老字号、非物质文化遗产品牌，加大政策扶持力度，扩大市场影响力，让老品牌带动大产业。深入挖掘"梵净山茶""凤冈锌硒茶""湄潭翠芽""石阡苔茶""瀑布毛峰""雷山银球茶"和"正安白茶""大方/德江天麻""道真洛党""安龙黄褐毛忍冬""道真灰毡毛忍冬""施秉太子参"等品牌的内涵。

2. 培育新兴品牌

支持农业企业创建自有品牌，鼓励通过兼并重组、市场融资、连锁加盟等方式组建大集团，打造大品牌。建立完善企业品牌培育、发展、保护等政策支持体系，鼓励新型农业经营主体间联合创建品牌。鼓励有条件的特色农产品注册商标和地理标志，打造地方特色农产品品牌，提高农产品在国际国内市场上的知名度和美誉度。积极开展新型经营主体品牌创建和市级名牌农产品评定。

3. 壮大公用品牌

以公用品牌提升企业品牌，加强创意设计和资源整合，重点围绕现代山地特色高效农业发展，挖掘、包装、培育、宣传一批具有深厚历史、文化传承、地域特色的公用品牌。围绕辣椒、火龙果、薏仁、食用菌、金钗石斛、刺梨等地方特色优势农产品，逐步构建以区域公用品牌和企业知名品牌为主体的农产品品牌体系。

4. 唱响绿色农产品品牌

大力实施"贵州绿色农产品"整体品牌建设工程。突出标准化、规模化、组织化生产，突出品牌宣传、营销和保护，大力推进驰名商标、中华老字号、农产品地理标志、国家地理标志产品、地理标志证明商标，有机产品、绿色食品标识产品、无公害农产品生态原产地保护产品企业、贵州省品牌产品、贵州省知名品牌示范区等的认证创建，着力构建以区域公共品牌、企业品牌和特色农产品品牌为核心的农产品品牌体系，加快建成无公害绿色有机农产品大省。实现品牌农产品全程可追溯。

七、完善农村财政金融支持

资本是促进产业落地生根、开花结果的决定性因素，有必要加快形成财政优先保障，社会积极参与的多元投入格局，推进农村金融改革，创新提升金融服务农村产业发展的功能。

（一）优化财政支农效果

1. 增加财政投入

建立健全农村产业发展财政投入保障机制，公共财政支出优先向"三农"领域倾斜，多层次多维度推进涉农资金整合，确保财政对农业农村的投入只增不减，以农村产业革命促进乡村振兴发展。积极争取中央财政对贵州农村产业发展的支持。提高土地出让收益用于农业农村的比例，坚持取之于地、主要用之于农的原则，调整完善土地出让收入使用范围，分阶段逐步提高农业农村投入比例。

2. 提升财政资金的撬动作用

发挥政府财政资金引导作用，成立省农业产业发展公司，改善投资环境，完善相关政策措施，推广运用"PPP"等合作模式，引导各类工商资本、社会资本投入农村产业发展。支持市、县建立政府控股的投资平台公司，引导农业产业投资方向，防控经营风险。优化政府投资安排方式，探索通过设立基金、先建后补、以奖代补等方式提高财政涉农资金投资效益。积极探索涉农资金统筹整合长效机制，通过财政资金整合提升资金边际效应。

3. 强化支农资金管理

加强涉农财政资金的监督管理。特别是对当前的绿色产业扶贫投资基金、产业革命相关基金加强管理。在基金的申请、使用、归还等方面进行科学管理。

（二）深化农村金融改革

1. 深化农村金融改革

坚持农村金融改革发展的正确方向，健全适合农业农村特点的农村金融体系，推进农村金融机构回归本源，把更多金融资源配置到农村经济社会发展的重点领域和薄弱环节。切实加大降低金融行业进入门槛力度，充分吸收社会资本用于发展农村产业。鼓励大中型商业银行延伸服务到乡村，推进村镇银行县域全覆盖。落实县域金融机构涉农贷款增量奖励政策，引导县域涉农金融机构加大对乡村振兴信贷投放，确保资金投向以涉农业务为主，保障农村存款主要用于农业农村发展。加强防范投资风险宣传，严厉打击农村非法集资活动。

2. 创新提升金融服务

围绕农村产业融资特点，继续推广"特惠贷""三变贷""惠农脱贫贷""扶贫产业贷"等金融产品，扩大承包耕地经营权、林权抵押等实施范围，推行"政银保"等合作模式。完善涉农贴息贷款政策，探索对重要农产品绿色生产贷款实行全额或定额贴息支持，降低农户、新型农业经营主体和农业企业的融资成本。深化"银保合作"，开发设计以贷款保证保险为风险缓释手段的小额贷款产品。探索开展适合新型农业经营主体的订单融资和应收账款融资业务，以及农业生产设备、设施抵押贷款业务。

3. 完善农业担保体系

建立健全覆盖全省的政策性农业担保体系，推动政策性农业保险的落实，开发农产品目标价格保险、涉农贷款信用保证保险和指数保险等新险种。建立农业信贷风险补偿和分担机制，设立贵州省小微企业及"三农"担保贷款风险补偿金，对符合条件的小微企业和"三农"贷款发生的直接代偿补偿原则上按"4321"比例由本级担保公司、省财政风险补偿金、银行、所在地财政补偿金分担，支持开展的新增小微企业及"三农"融资担保业务。

八、优化市场发挥作用的环境

贵州农村产业革命的成功与否最核心的是要处理好政府与市场的关系。从理论逻辑和现实调研发现，处理政府与市场关系的核心是坚持市场在农村产业发展中的决定性作用和更好发挥政府作用。更好发挥政府作用的具体表现是：政府坚持市场化、法治化、国际化原则，以市场主体需求为导向，以深刻转变政府职能为核心，创新体制机制、强化协同联动、完善法治保障，对标国际先进水平，为各类市场主体投资兴业营造稳定、公平、透明、可预期的良好环境。使各类生产要素都能充分发挥各自的作用，人尽其才、物尽其用、地尽其利，达到资源配置的优化境界。

（一）持续优化产业发展环境

1. 成立优化产业发展环境主管部门

省市县应加强对优化营商环境工作的组织领导，完善优化营商环境的政策措施，建立健全统筹推进、督促落实优化营商环境工作的相关机制，及时协调、解决优化营商环境工作中的重大问题。各级政府有关部门应当按照职责分工，做好优化营商环境的相关工作。县级以上地方人民政府根据实际情况，可以明确优化营商环境工作的主管部门。

2. 积极探索产业发展环境评价体系

建立和完善以市场主体和社会公众满意度为导向的营商环境评价体系，发挥营商环境评价对优化营商环境的引领和督促作用。开展营商环境评价，不得影响市场主体的正常生产经营活动或者增加市场主体负担。任何单位不得利用营商环境评价谋取利益。

3. 深化"放管服"、优化营商环境

政府及其有关部门应当进一步增强服务意识,切实转变工作作风,为市场主体提供规范、便利、高效的政务服务。持续深化简政放权、放管结合、优化服务改革,最大限度减少政府对市场资源的直接配置,最大限度减少政府对市场活动的直接干预,加强和规范事中、事后监管,着力提升政务服务能力和水平,切实降低制度性交易成本,进一步激发市场活力和社会创造力,增强发展动力。政府应保障各类市场主体依法平等使用资金、技术、人力资源、土地使用权及其他自然资源等各类生产要素和公共服务资源。各类市场主体依法平等适用农村产业革命的支持发展政策。政府及其有关部门在政府资金安排、土地供应、税费减免、资质许可、标准制定、项目申报、职称评定、人力资源政策等方面,应当依法平等对待各类市场主体,不得制定或者实施歧视性政策措施。

(二) 各利益主体间建立激励相容的利益联结的环境

1. 创建由市场决定利益联结方式的环境

贵州农村产业革命中最普遍的组织模式是"企业+合作社+农户",这个组织模式中三方利益主体之间的利益联结机制的激励相容程度决定了这种合作模式能否实现以及可持续的程度。利益联结的"合理性"决定于这种利益联结机制是否出于利益主体们的自由选择。在农村产业发展过程中,政府应创建信息平台、提供便捷服务、降低利益联结契约签订成本和执行成本,为利益主体之间敢于签订所希望的合作契约创造条件。

2. 优化利益联结机制

加快推广"龙头企业+合作社(村集体经济组织)+农户"等带动模式,复制推广"农民入股+保底收益+按股分红""订单收购+分红"

"土地流转+优先雇用+社会保障"等利益联结机制，保障农户在产业链、利益链、价值链上的份额和权益，让农户多渠道、多环节、多形式分享规模化经营增值收益。

（三）加强农产品质量安全监管

实施食品安全战略，加快完善农产品质量安全监管、检测、执法体系，严厉打击食品安全犯罪，保证让老百姓吃上安全放心的农产品。强化农产品生产源头管控，加强农产品生产环境管理，完善农产品产地环境监测网络。开展农产品产地环境污染调查和管控，把住农产品生产安全关，控药、控肥、控添加剂，强化农药、兽药、化肥、饲料等投入品准入管理和规范经营，实施使用环节兽药、抗菌药减量化行动。积极推进农资和农产品生产经营主体诚信体系档案建设，落实守信联合激励和失信联合惩戒机制。抓好农产品质量安全追溯管理，推进全省农产品质量安全追溯平台应用，逐步纳入国家农产品质量安全追溯平台。率先将农业产业化龙头企业、农业生产示范基地、"三品一标"农产品等纳入追溯管理。实现追溯管理与农产品生产主体信用体系相联结。

第八章

主要结论与政策含义

一、主要结论

通过对贵州农村产业革命实践进行理论逻辑梳理和实践调研研究，我们发现贵州农村产业革命实践是在恰当时机，按照经济学理论要求，结合自身禀赋特征做出的重大创新，通过近 2 年的发展已经在产业发展的组织方式和具体举措层面积累了宝贵经验，但依然有巨大的改进空间，而且产业革命本身也是一个漫长的动态过程，仍需奋力前进，进而为贵州的高质量发展、现代化经济体系建设和追赶超越提供重要动能。

（一）农村产业革命有基础有机遇有挑战

贵州的农村产业革命并不是脱离自身实际的好高骛远的实践，而是基于农村产业已有的基础进行的创新升级探索。贵州省委省政府长期以来高度重视"三农"工作，持续不断创新改革，积累了"三变"等重要改革经验，为全国提供了不少贵州智慧。这种敢于改革、勇于创新的优良传统或理论认识为贵州进行农村产业革命提供了精神内核，农村产业革命实践既是对已有理论认识在新时代的具体运用，也必将对这些理论认识的发展做出重要贡献。发展条件层面，贵州省长期投入交通基础设施方面的建设，为农村产业实现"革命"性变化提供了重要基础；贵州省较早地就战略性地抢占了大数据这一信息时代的基础产业，为农村产业实现信息化革命创造了"先发优势"；贵州省独特的地形地貌和立体型的区域差异明显的气候特征为农村产业革命创造了无数的先天"比较优势"，为产业竞争力奠定了现实基础。

但是，贵州推进农村产业革命仍面临着不少问题和现实挑战。例如，贵州省处于西南的内陆地区，远离东部发达市场，这使其特有的农产品需要克服较高的运输成本才能在更大市场范围内实现发展；再如，农产品存在"什么都有、什么都少"的普遍矛盾，即每一种极具特色的农产品都具有规模小，无法逾越大市场所要求的稳定供应的数量门槛，这为每种产业持续稳定生产、分工深化、提升效率设置了巨大障碍。这种规模狭小的生产经营也为农民增收带来了挑战，狭小的生产不能与市场建立稳定的供应关系，总需要不断地处理市场风险，无法实现稳定增收。再如，即使有了一定的生产规模，产品的生产营销、品牌打造依然存在不少问题，对外开放也有限，尚未实现统筹国内国外两个市场的发展格局。更重要的是，尽管贵州在脱贫攻坚方面取得了巨大成效，但如何巩固这些成果、实现可持续的脱贫依然面临不少挑战，这也将影响农村产业革命的微观基础。农村产业革命正是在不断克服问题和挑战的过程中发生蜕变和前进的。

（二）农村产业革命实践具有理论基础

贵州农村产业革命最为创新的是提出"八要素"工作法。如前所述，这一创新实践并未脱离经济发展理论。也正因其在很大程度上符合经济发展理论，才出现了前述的发展成效。具体而言，贵州省全省一盘棋，在省域范围内统筹考虑，科学地确定12个优势产业进行发展，是非常符合"比较优势"理论的，这不但表明产业发展具有基础，还意味着产业发展具有强大的竞争力，为持续发展奠定了现实基础。再如，"资金筹措"这一很朴素务实的表达，却对应着经济增长理论中关于"资本"要素重要性的各种论述，抓住了资本投入这一"牛鼻子"，就能较快地实现产业"由无到有，由弱到强"的发展。"培训农民"则对应着经济学中的人力资本理论，可以说，人力资本是比技术和前述的物质资本更重要的生产要素，尽管"培训农民"未必能立竿见影，但随着产业从业者的人力资本水平的提升，产业就具备了持续的、永恒的创新发展能力。又如，"组织方式""产销对接""利益联结"更是从整个产业链的层面对产业的组织模式问题进行了深入思考，如果生产的只生产，销售的只销售，那么彼此都将长期暴露在无法预期的自然风险和市场风险之中，没有一方敢于扩大规模，也不敢奢望专业分工，而如果按照"公司+合作社+农户"这种最经典的组织模式将产供销、农工贸联合起来甚至"一体化"起来，那么将获得内部经济、规模经济，将实现"风险共担、利益共享"的共赢局面，大家可以更加专注地做自己擅长的事情，进而呈现出深度分工与高效合作的局面。这些朴素的、务实的举措正是对经济学里"分工与合作"理论的深度运用。

（三）农村产业革命的时机准确

单纯从经济发展水平来看，贵州省在全国长期以来处于较为落后的地位，如何实现追赶，如何实现赶超是贵州全省最为重要的理论命题和实践难题。党的十八大以后，生态文明建设成为重要的发展战略，尤其是习近平生态文明思想更是为中国如何发展，走一条什么样的发展道路指明了方向，在这样的大背景下，贵州省的追赶和超越都不能按照传统的思路，不能再去走承接发达地区转移的"低端产业"的"跟着别人跑"的发展道路，更不能走靠增加投入实现增长，以及先污染再治理的发展道路，唯有创新思考自身的"比较优势"到底是什么，又如何将这一"比较优势"转变为实实在在的产业发展，进而实现追赶和超越？农村产业革命正是在这样的时代背景下提出的创新战略。农村产业天然具有生态绿色特征，符合习近平生态文明思想；贵州在"自然条件、气候特征"方面也最具比较优势，那么这种"绿水青山"的生态要素能否孕育出具有强大竞争力的产业形态业态，从而实现追赶和超越呢？答案是肯定的。

在国内外形势复杂多变的百年未有之大变局时代背景下，贵州省提出农村产业革命，为贵州省实现高质量发展找到了重要动能和引擎，可以说恰逢其时，即贵州在合适的时机、基于合适的比较优势提出了合适的发展战略。

(四) 农村产业革命的组织方式得力

贵州农村产业革命启动以来，针对每一个产业成立专班，省市县各级都设置相应的产业专班；而且还总结提炼了政策设计、工作部署、干部培训、督促检查、追责问责的"五步工作法"，这是中国特色社会主义制度及其优势的具体运用，是更好地发挥政府在经济发展中的作用的创新实践。通过这样的组织：首先，降低了产业相关利益主体之间的协调合作成本；其次，将某一具体产业放到全省的市场范围内加以考虑，依据经济学理论，随着市场范围的扩展，资源配置的效率是提升的；再次，由省级政府牵头成立产业专班，市县成立相应专班，这种组织方式降低了产业管理部门之间的协调合作成本；最后，也是我们想特别强调的，"五步工作法"是中央一直强调的"增强改革的系统性、整体性和协调性"要求的具体实践，调研实践也证明这个方法具有很高的效率。

(五) 农村产业革命的初步成效显著

贵州农村产业革命的初步成效显著，这主要体现在两个层面：一是"精神层面"，具体表现为农村产业革命的系列政策文件、"八要素"工作法、"五步工作法"等"贵州智慧"。这些基于指导实践、又经实践锤炼形成的理论思考是贵州农村产业革命最重要的成果，其精神要义具有一般性，对其他地区具有借鉴意义。二是通过近两年的农村产业革命实践，贵州的农村产业发展取得了较好的成效。比如，500

亩以上大坝建设成效显著，这是贵州特色的高标准农田建设；乡村道路、电网、通信等基础设施得到进一步提升，农村产业发展具备了扎实的基础；农村产业结构的调整取得巨大成绩，为农民增收奠定了基础；持续的农民培训、农村产业从业者的"干中学"等为贵州经济发展积累了人力资本，等等。更为重要的是，在推进农村产业革命的过程中，各级党政干部在"思想观念"和"转变作风"上来了一场深刻革命，锻造了一支强有力的工作队伍，这为贵州后续的农村产业革命以及其他事业的发展积累了宝贵的工作经验和人力资本。

（六）农村产业革命的改进空间巨大

不管是从理论逻辑，还是从现实调研中发现，贵州农村产业革命依然处于初步探索阶段，推进过程中存在不少问题，仍有较大的改进空间。比如，在资金筹措方面，产业发展基金的利用效率和管理问题，如何按照效率标准、公平标准确定产业发展基金的获得者仍需要不断探索；在产业产品的市场开拓方面，如何更好地处理区域内市场和区域外市场的矛盾，如何避免忽略区域内（县内或者市内或者省内）市场而片面追求区域外市场的问题；在技术服务层面，调研过程中存在国内专家无法指导、只能高薪聘请国外专家助力的情况，更好地探索"产学研"紧密结合的实践道路仍需时日；在利益联结层面，还存在着政府过度插手各利益主体合作方式方法的问题，激励相容、多方共赢的合作方式一定是他们自由选择的结果，只有自由选择出的契约关系才是可持续的，也才是最合意的"利益联结"机制，等等。

二、政策含义

任何一项产业革命都是一个动态的发展过程，不可能一蹴而就，更不是一种"突变"，因此，不管从更好地解决"当前问题"，还是从科学地预判和处理"未来问题"来说，都有必要充分吸收已有经济发展理论的精髓、充分结合各地区实际，因地制宜地走一条高效的农村产业发展道路。

（一）转变发展理念

思想对行动具有重要的指导意义。高效、可持续地推动农村产业革命需要进一步转变发展理念。一是深刻认识农村产业革命的重要意义。继续加大农村产业革命意义的宣传教育，让各级政府人员以及产业发展相关利益主体深刻认识到农村产业革命是新时代贵州"三农"问题、乡村振兴战略和高质量发展的重要抓手，应树立敢于担当、积极推动、积极参与、乐享发展的理念。二是深刻认识生态绿色发展是贵州农村产业革命应坚持的重要原则，不能走传统的"先污染再治理"的发展老路，树立"绿水青山就是金山银山"的发展理念，努力将贵州最具优势的生态绿色优势转化为产业优势。三是科学认识政府与市场的关系，促成农村产业发生"革命"的真正动力是让市场在整个过程中发挥决定性作用，政府发挥更好的作用，这种更好的作用不是直接干预经济发展，不是替代经济主体做选择，而是提供必备的基础设施、信息服务等公共品以降低市场主体的交易成本，营造公平竞争、保护各方利益的宏观环境，为市场发挥作用创造便利条件。不但各级政府要科学认识两者的关系，真正"放管服"，各利益主体（企业、农户等）也要抛弃"坐等靠"思想，真正敢于到市场中竞争，通过竞争树立自己的优势。

（二）推进社会治理体系治理能力现代化

贵州农村产业革命需要政府发挥必要作用，作用发挥的好坏取决于整个治理体系现代化的水平。因此各级政府部门应认真学习习近平新时代中国特色社会主义思想，认真学习十九届四中全会精神，认真学习《中共中央关于坚持和完善中国特色社会主义制度推进国家治理体系和治理能力现代化若干重大问题的决定》，充分结合"三农"工作的特殊性，全面提升治理能力现代化水平。一是在高质量发展框架下思考农村产业革命问题。坚持和完善社会主义基本经济制度，推动经济高质量发展。二是坚持和完善繁荣发展社会主义先进文化的制度，巩固全体人民团结奋斗的共同思想基础。通过发展社会主义先进文化，广泛凝聚人民精神力量。三是坚持和完善统筹城乡的民生保障制度，满足人民日益增长的美好生活需要，为农村产业革命创造后方保障。四是坚持和完善生态文明制度体系，促进人与自然和谐共生。生态文明建设是关系中华民族永续发展的千年大计，必须践行绿水青山就是金山银山的理念，坚持节约资源和保护环境的基本国策，坚持节约优先、保护优先、自然恢复为主的方针，全面指导农村产业革命发展。

（三）切实发挥市场在产业发展中的决定性作用

党的十九届四中全会强调"坚持社会主义基本经济制度，充分发挥市场在资源配置中的决定性作用，更好发挥政府作用，全面贯彻新发展理念，坚持以供给侧结构性改革为主线，加快建设现代化经济体系"，这为贵州农村产业革命指明了具体路径。同时，对当前农村产业发展的实践调研也表明，那些遵循市场规律的产业才有活力和竞争力。因此，下一步仍要切实发挥市场在产业发展中的决定作用。一是在"产业选择"层面让市场发挥决定性作用。即使可以根据是否已有发展基础的原则来进行产业选择，但是"比较优势"本身也是一个动态概念，不同阶段、不同条件下，某些静态认为的比较优势未必真具有竞争力，而解决这种不确定下的产业选择特别是产业后续的升级问题，必须依赖市场体制，唯有市场经济体制才能将分散在各个主体的信息最好地聚集起来，做出当时最正确的判断。决不能通过行政计划命令确定所谓的优势产业，即使初期的选择具备某种优势，但后期的动态竞争过程中也可能面临着淘汰风险。二是在选择龙头企业时要充分发挥市场的作用。一方面，要创造条件让具备企业家精神的人脱颖而出；另一方面，要让市场对已进入产业的企业进行竞争淘汰，最终选出具备竞争力、可持续发展的企业来承载产业发展。三是在"公司+合作社+农户"之间利益联结问题上让市场发挥决定作用。不搞行政命令式的对"利益联结"的形式和特征进行规定，而是允许各方利益主体自由结成都满意的利益分担机制，政府要做的是创造条件，降低他们之间合作的交易成本，对他们达成的合作契约进行公证保护，等等。总之，让市场对产业形成、产业的践行主体、各践行主体间的合作方式、产业的升级或湮灭等进行决定性选择。政府只需要为市场主体进行产业互动创造公平、公正的条件和环境，切实形成人尽其才、物尽其用、地尽其利的和谐局面。

（四）加强基层党建

要充分发挥党对农村产业革命的统领和协调作用。加强党的领导，尤其要加强基层党建。"欲筑室者，先治其基"。基层党组织是整个党组织的"神经末梢"，是落实党的路线方针政策和各项工作任务的"毛细血管"。建强党的组织体系，必须坚持树立大抓基层的鲜明导向，大力加强基层党组织建设。从经济学角度，基层党组织对农村产业革命涉及的农民这个最大群体最了解，具备信息优势，能够更精准地提供协调服务，是政府发挥更好的作用的基本和核心。要充分发挥基层党组织对农村产业革命的"指挥所""先锋队""领头羊"作用。

参考文献

［1］Hayek, F. A. The Use of Knowledge in Society ［J］. The American Economic Review, 1945, 35 (4): 519-530.

［2］Young, A. A. Increasing Returns and Economic Progress ［J］. The Economic Journal, 1928, 38 (152): 527-542.

［3］艾丰, 潘承凡. 必由之路——山东潍坊农业产业化述评之一 ［N］. 人民日报, 1995-12-11 (002).

［4］艾丰, 潘承凡. 更广更深更实的思考——山东潍坊农业产业化述评之三 ［N］. 人民日报, 1995-12-14 (002).

［5］艾丰, 潘承凡. 造就一种新关系新格局——山东潍坊农业产业化述评之二 ［N］. 人民日报, 1995-12-13.

［6］陈郁. 罗森斯坦-罗丹"大推动"理论述评 ［J］. 经济学动态, 1987 (9): 57-60.

［7］海闻. 国际贸易理论的新发展 ［J］. 经济研究, 1995 (7): 67-73.

［8］贾根良. 杨格定理与经济发展理论 ［J］. 经济社会体制比较, 1996 (2): 58-60.

［9］金祥荣. 经济发展的临界最小努力理论 ［J］. 经济学动态, 1987 (5): 50-54.

［10］李平, 王春晖, 于国才. 基础设施与经济发展的文献综述 ［J］.

世界经济，2011，34（5）：93-116.

[11] 鲁传一，李子奈. 企业家精神与经济增长理论 [J]. 清华大学学报（哲学社会科学版），2000（3）：42-49.

[12] 牛若峰. 农业产业一体化经营的理论框架 [J]. 中国农村经济，1997（5）：4-8.

[13] 牛若峰. 再论农业产业一体化经营 [J]. 农业经济问题，1997（2）：18-24.

[14] 人民日报社论. 论农业产业化（社论）[N]. 人民日报，1995-12-11（001）.

[15] 舒尔茨. 改造传统农业 [M]. 北京：商务印书馆，1987.

[16] 夏英，牛若峰. 农业产业一体化理论及国际经验 [J]. 农业经济问题，1996（12）：2-7.

[17] 向世聪. 产业集聚理论研究综述 [J]. 湖南社会科学，2006（1）：92-98.

[18] 张培刚. 农业与工业化 [M]. 北京：中国人民大学出版社，2014.

[19] 张维迎. 时代需要具有创新精神的企业家 [J]. 读书，1984（9）：13-22.

[20] 赵志耘，吕冰洋，郭庆旺，贾俊雪. 资本积累与技术进步的动态融合：中国经济增长的一个典型事实 [J]. 经济研究，2007（11）：18-31.

[21] 周洁红，黄祖辉. 农业现代化评论综述——内涵、标准与特性 [J]. 农业经济，2002（11）：1-3.

附　录

附录一：中共贵州省委　贵州省人民政府
2019 年脱贫攻坚春季攻势行动令

各市（自治州）党委和人民政府，贵安新区党工委和管委会，各县（市、区）党委和人民政府，省委各部委，省级国家机关各部门，省军区、省武警总队党委，各人民团体：

2018 年，我省持续强力发起脱贫攻坚"春风行动""夏秋攻势""秋后喜算丰收账""冬季充电"系列行动，深入推进农村产业革命，夺取了脱贫攻坚关键之年的决定性胜利。实践证明，连续的"攻坚行动"有利于凝心聚力、有利于攻坚克难、有利于决战决胜。2019 年是新中国成立 70 周年，是我省脱贫攻坚决战之年，继续实施"攻坚行动"，是形势所需、群众所盼、责任所系。为此，省委、省政府决定开展 2019 年脱贫攻坚"春季攻势"，特提出如下行动要求。

一、行动时间

2019 年 2 月至 6 月，共 5 个月。

二、行动目标

抓好省委十二届三次全会和省委农村工作会议暨全省扶贫开发农村人居环境整治工作会议部署具体化落实，抓具体、抓深入，纵深推进农村产业革命，坚决打好"两不愁三保障"关键战役，进一步夯实脱贫基础，巩固脱贫成果，为夺取脱贫攻坚决战之年的根本性胜利奠定扎实基础。

（一）纵深推进农村产业革命

依托省领导领衔主抓制度优势，围绕质量提升、单品突破，重点抓好规模化、市场化、要素保障、科技支撑"四个突破"，实现新建打造一批规模化、标准化单品生产基地，培育引进一批大型龙头企业，拓展一批销售渠道，培训一批基层专业技能骨干和贫困群众，制订出台一批质量标准和技术规程，示范推广一批现有各类国际国内先进适用技术，尽快打造一批样板田、示范田，带动贫困地区群众稳定持续增收。

（二）坚决打好"两不愁三保障"关键战役

全面完成"十三五"188万人易地扶贫搬迁入住任务，实现易地扶贫搬迁收好官；全面解决30户以上自然村寨农村人口饮水安全问题，实现农村饮水安全织好网；全面完成农村"组组通"硬化路建设任务，实现通组道路硬化扫好尾；全面落实建档立卡农村贫困家庭学生资助政策，实现义务教育保障固好本；全力推进已核准有效身份信息的人员全部参保，实现医疗健康扶贫交好卷；农村危房改造任务开工率达到80%，实现住房安全保障筑好基。

（三）按时完成贫困退出专项评估检查

组织开展对务川、道真、六枝、盘州、普定、镇宁、大方、石阡、印江、丹寨、麻江、施秉、镇远、三穗、雷山、贵定、惠水、安龙18

个贫困县的退出专项评估检查，并接受国家抽查。

三、行动举措

（一）纵深推进农村产业革命，着力推动"四个突破"

1. 聚焦优势品种，更大规模调整结构，在规模化发展上取得突破

坚持"优势产业优先发展，优势品种率先突破"的原则，以 500 亩以上坝区为主抓手，聚焦重点产业和优势品种，重点支持，率先突破，加快形成"专业化、精细化、特色化"的产业发展格局。大力发展蔬菜、茶、食用菌、中药材、精品水果、辣椒、石斛、刺梨、油茶、竹、生态畜牧、生态渔业等特色优势产业，分别由一位省委常委或副省长领衔推进。进一步聚焦优势品种，重点发展规模优势明显、产业基础较好、附加值较高、比较优势突出的品种。以大白菜、生姜、山药、韭黄、苦瓜、番茄、白萝卜等为重点，推进蔬菜优势单品及错季蔬菜上规模，新建规模化、标准化蔬菜基地 100 万亩；抓好茶园提质增效，新建产业互动融合茶园 50 万亩，打造欧标茶生产基地 50 万亩；以季节优势明显的香菇、珍稀特色突出的红托竹荪等为重点，扩大食用菌生产规模，新建规模化食用菌基地 5 万亩（5 亿棒）；用好林业资源普查成果，推进贫困地区"定制药园"建设，新增打造 10 个左右黔药优势品种，加快 20 个道地药材规模化、标准化基地建设，力争打造 200 万亩道地药材规模化基地；着力发展百香果、火龙果等见效快、效益好的果树品种，新建百香果基地 10 万亩，推动猕猴桃产业提质增效；围绕市场需求，以加工型干辣椒、加工用红辣椒、菜用青椒为重点，选择符合目标市场的品种，集中力量抓好春季集约化育苗和标准化栽培，突出优质特色，稳步提高单产；重点推进林下仿野生铁皮石斛种植，新增种植面积 4 万亩，年底全省石斛面积达到 20 万亩；启动刺梨标准化体系建设，新建标准化刺梨基地 15 万亩，全年完成新建 40

万亩,培育规模以上刺梨加工骨干企业 5 家;新建规范化油茶基地 15 万亩、全年完成新建 60 万亩,实施油茶低产林改造 10 万亩、全年完成改造 30 万亩;新造竹林 5 万亩,全年完成新造 16 万亩,改培竹林 28 万亩;实施生态家禽品种品质品牌提升行动,制订出台 10 个生态家禽品种质量标准和技术规程;新建湖库生态渔业养殖示范基地 5 万亩,打造稻鱼综合种养示范基地 3 个、年产 500 吨鲟鱼健康养殖示范场 3 家。

2. 把市场特点、市场需求、市场评价等问题研究透,在市场化发展上取得突破

按照"主导省内市场,抢占省外市场"的目标,用好各方资源,畅通销售渠道,稳定产销关系,加强产销调度,着力把我省建设成为北京、上海、广州、深圳、重庆等城市的绿色农产品供应基地。围绕目标市场需求,进一步加强市场研究,组织力量对我省特色优势农产品的市场形象、市场评价进行全面分析研判,根据市场反馈针对性进行改进,做好分拣、包装、加工、储运等工作。充分利用好对口帮扶城市资源,组织开展农产品展示推介活动,重点面向珠三角、长三角等发达地区开设销售窗口。以 500 亩以上坝区结构调整为依托,分批次引进全国大型农产品批发市场营销渠道,引导一批有实力的企业共建农产品直销直供基地。鼓励农业产业化重点龙头企业通过兼并重组,加强科技创新,优化产品结构,强化品牌建设,加大"三品一标"认证,提升农产品质量安全水平和市场竞争力。加强产销调度,推动大数据在农业产销各环节的广泛应用,继续做好重点农业产业数据调度采集分析,抓好蔬菜批发价格监测及动态发布,为产业发展茬口安排、产业选择提供信息服务。继续推动贫困地区农产品进机关、学校、社区、医院、企事业单位、超市、军营,继续举办好茶博会等重要展会活动。积极开展省级以上龙头企业、省级农民专业合作社示范社申报

认定。积极发展农村电子商务。

3. 对照"八要素"查缺补漏，在要素保障上取得突破

对照"八要素"要求，抓好前期调研、产业发展规划和项目库建设工作，缺什么补什么。以500亩以上坝区结构调整为重要平台和主要抓手，完善出台农业生产经营、基础设施配套、政策性保险等政策支持、督导考核等办法，统筹各部门资源，尽快打造一批样板田、示范田，确保今年坝区亩均产值达到8000元以上。以制度形式明确企业、合作社、农民在产业链、利益链中的份额，帮助贫困群众稳定获得订单生产、劳动务工、反租倒包、政策红利、入股分红等多渠道收益，确保坝区农民人均可支配收入有较大增幅。深入推进"三变"改革，力争"三变"试点村覆盖50%的行政村、80%的贫困村。引导企业发挥好信息优势和市场优势，杜绝出现操纵价格、损害农户利益现象。引导农民树立市场诚信和契约精神，增强履约意识和能力。

4. 围绕主导产业多措并举解决农业技术服务短板，在科技支撑上取得突破

围绕产业发展技术瓶颈和需求，与目标市场、产地条件、产业基础结合，着力健全农技推广服务队伍，大力引进、试验、示范推广现有各类国际国内先进适用技术，减少科技攻关时间和成本，突出本地需求、适用高效。结合主导产业布局和贫困地区发展需求，建立完善农业专家精准服务机制，发挥好省、市、县三级技术专家作用，开展万名专业技能骨干和农民培训，确保每个培训对象掌握1~2门专业技能，提高群众综合素质、生产技能和自我发展能力。围绕省领导领衔推进产业，组织省内外专家专班化跟进，确保技术服务支撑到位。抢抓今春时节，做好种子、种苗、化肥、农药、农膜等农资供应，为产业结构调整提供保障。围绕产业革命"八要素""五步工作法"以及种养加销关键环节，对市、县、乡三级政府及相关部门负责同志组织

开展专题授课和集中轮训，帮助厘清思路，指导工作开展。聚焦重点领域，强化科技攻关，力争在辣椒品种选育、食用菌选优、刺梨规范化种植和品种选育等方面取得实质性突破。

（二）坚决打好"两不愁三保障"关键战役，着力实现"六个好"

1. 易地扶贫搬迁收好官

全面完成"十三五"188万人易地扶贫搬迁入住任务。抓好项目建设收官，对2018年开工建设的136个安置项目倒排工期，加大力度，确保按时保质保量完成。加快复垦复绿工作力度，2017年度项目旧房拆除复垦复绿达到60%以上。深度贫困地区开展好搬迁后建设用地增减挂钩节余指标跨省调剂工作。抓好搬迁入住收官，对2019年要搬迁入住的67万搬迁群众，加大宣传引导力度，动员搬迁户积极搬迁，确保6月底前全面完成搬迁入住。抓好后续扶持管理收官，对已经搬迁入住的群众，加快转移工作重心到后续扶持和社会管理上，建立完善"基本公共服务、培训和就业服务、文化服务、社区治理、基层党建"五个体系，确保有劳动力的搬迁家庭至少1人稳定就业，确保每个安置点建设1个卫生服务机构。每月对县级党政主要负责人包保易地扶贫搬迁安置项目情况进行通报。

2. 农村饮水安全织好网

强化项目资金筹措，下达省级资金5.92亿元，争取中央投资补助4.72亿元，全面解决农村饮水安全问题攻坚决战行动项目建设资金需求。加强摸底调查和督促指导，3月底前完成饮水安全大普查，6月底前全面解决贫困群众饮水安全问题，确保不漏一村、不落一人。严格落实地方政府主体责任、水务部门监管责任、供水单位管理责任，确保工程建得成、管得住、用得好，让贫困群众长久受益。

3. 通组道路硬化扫好尾

加快推进项目进度质量，科学制定施工组织计划，强化施工技术指导，发挥项目监管平台作用，3月底前全面完成通组硬化路建设任务，全部实现30户以上村民组100%通硬化路，彻底解决沿线1000万农民群众出行不便问题。严格落实县级人民政府主体责任，加强砂石料场、用水用电、水泥炸材供应、纠纷调解等施工保障，并建立项目义务监督机制。落实"四好农村路"要求，用好每年每公里1500元养护金，并将通组硬化路养护纳入"村规民约"，确保完工一批、验收一批、养护管理一批。

4. 义务教育保障固好本

持续压缩党政机关6%的行政经费用于支持教育脱贫，全面落实建档立卡农村贫困家庭学生资助政策，不让一个孩子因家庭经济困难而失学。全覆盖实施农村学前教育和农村义务教育营养改善计划。加大控辍保学力度，依法保障适龄儿童少年接受义务教育的权利。加强"全面改薄"项目建设，启动建设50所易地扶贫搬迁配套学校、50所义务教育阶段学校项目，对搬迁安置规模大、现有教育资源严重不足的，及时调整教育规划布局。继续办好全免费的职业教育精准脱贫班。深入推进东西部教育扶贫协作，大力推广教育"组团式"帮扶机制。

5. 医疗健康扶贫交好卷

落实健康扶贫医疗保障救助，继续开展远程医疗和巡回医疗，实现建档立卡贫困人口基本医保、大病保险、医疗救助全覆盖，稳定贫困人口住院费用报销比例在90%左右。推进乡镇卫生院和村卫生室规范化建设，抓好基层医务人员学历提升教育项目，满足群众常见病、多发病为重点的就医需求。开展东部66个三甲医院与我省66个贫困县人民医院结对帮扶情况"回头看"，推动东部帮扶城市对口帮扶我省66个县医院的帮扶内容向乡镇卫生院延伸，全面启动乡镇卫生院帮扶方案编制并组织实施。抓好建档立卡贫困人口资助参保工作，对特困人员参保缴费给予全额补贴、对建档立卡贫困人口按每人100元标准给予定额补贴。加强信息共享和数据比对，做好身份识别，实现应保尽保。

6. 住房安全保障筑好基

紧盯深度贫困县，加强工作培训指导，重点强化对象精准、责任落实，督促补助资金兑付、完善信息录入，进一步夯实工作基础。紧盯拟退出县，对4类重点对象住房安全性进行评定，确保建档立卡脱贫对象住房安全性评定结果全覆盖。紧盯农村老旧住房整治，按照"不改变原有风貌""量力而行、尽力而为"原则稳步推进，确保任务开工率达到80%，确保老旧房顶不漏雨、壁不透风、门窗完好。

四、行动保障

（一）强化尽锐出战

坚决扛起脱贫攻坚重大政治责任，坚持五级书记一起抓，坚持抓具体、抓深入，亲自谋划举措，亲自部署实施，亲自督导推进，确保"春季攻势"决策部署落到实处、取得实效。各级各部门要聚焦脱贫攻坚，强化政策供给和落地，继续把脱贫攻坚作为财政优先保障领域和金融优先服务领域，推动公共财政更大力度向脱贫攻坚倾斜，确保扶贫投入与打赢脱贫攻坚战需求相匹配。坚持聚焦深度贫困地区发起猛攻，认真研究解决制约深度贫困地区发展的突出瓶颈问题，持续将各类资金、项目、资源向深度贫困地区聚集，清单化、具体化、项目化推进，全面落实支持措施，全力补齐发展短板。抢抓东西部扶贫协作和对口支援历史机遇，组织力量认真研究东部对口帮扶城市的需求、市场、企业等特点，主动提出产业、人才、市场、劳务协作、资金等方面的需求清单，找准突破口，精准获取支持。继续用好用实各方帮扶资源，不断深化专项扶贫、行业扶贫、社会扶贫"三位一体"大扶贫格局，广泛动员各方力量参与脱贫攻坚。

（二）强化风险防控

全面加强扶贫资金监管，持续完善县级脱贫攻坚项目库建设和公告公示制度，确保资金围绕项目精准使用。高度关注扶贫领域潜在金融风险，建立健全扶贫小额信贷风险预警机制，加强市县两级风险化解能力，及早、及时、有效处置风险问题，确保投入精准、合作公平、利益长效、风险可控。建立产业发展评估体系，紧扣"八要素"健全完善扶持支撑举措，推进农业保险提标扩面增品，全力防范化解产业扶贫失败风险。注重防范化解易地扶贫搬迁"稳不住"风险，推动工作重心从以搬迁为主向后续扶持和社会管理转移、从"搬得出"向"稳得住、能致富"转移。突出舆论风险防控，加强对脱贫攻坚的舆情监测，健全涉贫舆情处置反馈机制，积极加强与媒体沟通，实事求是开展宣传报道，坚决防止炒作个别极端事件干扰脱贫攻坚大局。巩固提升脱贫成果，按照"力度不减、政策不变、责任不松"要求，加强返贫监测，组织"回头看"，及时开展帮扶，防止一边脱贫一边返贫风险。

（三）强化作风建设

坚持层层抓具体、抓深入，大兴调查研究之风、真抓实干之风，盯紧盯牢矛盾问题和薄弱环节，敢于担当、敢于斗争，扭住不放、一抓到底，坚决防止和克服形式主义、官僚主义，坚决防止和克服大而化之、笼而统之。围绕扶贫领域作风和腐败问题，持续深入开展"五个专项治理"，着力在查处作风漂浮、行动少落实差、不担当不作为、工作拖沓等上下更大功夫，以作风的大转变促进攻坚任务的全落实。发挥好民主党派监督、媒体舆论监督、社会监督作用，用好省委省政府"扶贫专线"，坚持通报曝光常态化，对违纪违法问题，发生一起，查处一起，通报一起，教育一片，引导党员干部不碰"高压线"。

（四）强化内生动力

选树先进典型，大力宣传自强不息、自力更生的脱贫典型，引导贫困群众向身边人身边事学习，激发脱贫致富奔小康的热情和信心。强化政策引导，采用生产奖补、劳务补助、以工代赈等机制，促进贫困群众更多参与脱贫攻坚，坚决杜绝"保姆式"扶贫。发挥村规民约作用，约束高额彩礼、薄养厚葬、不赡养老人等不良行为。通过新时代农民讲习所等平台，加强对贫困群众的培训教育，确保有劳动能力的每个贫困群众掌握一技之长。

（五）强化督导检查

对各地"春季攻势"推进情况进行督导检查，实现对市县和省直有关部门全覆盖。改进督查考核方式，增加暗查暗访频次，时时跟踪监测、分析研判、督促督导，列出清单，明确责任，逐项对账销号。注重减轻基层负担，严防形式主义、官僚主义。及时发布督查通报，将通报结果作为脱贫攻坚工作成效考核的重要依据。

中共贵州省委

贵州省人民政府

2019 年 2 月 18 日

附录二：中共贵州省委　贵州省人民政府 2019 年脱贫攻坚夏秋决战行动令

黔党发〔2019〕20 号

各市（自治州）党委和人民政府，贵安新区党工委和管委会，各县（市、区）党委和人民政府，省委各部委，省级国家机关各部门，省军区、省武警总队党委，各人民团体：

为全面贯彻落实省委十二届五次全会精神，坚决夺取脱贫攻坚决战之年根本性胜利，省委、省政府决定，在脱贫攻坚"春季攻势"取得明显成效基础上，一鼓作气、乘势而上、接续攻坚，发起 2019 年脱贫攻坚"夏秋决战"。

一、行动时间

2019 年 7 月至 12 月，共 6 个月。

二、行动目标

（一）产业革命取得更大突破

深入推进农村产业革命，"八要素"得到进一步落实，产业选择更加精准，组织方式更加有效，配套服务更加完善，产销衔接更加顺畅，基层党建更加夯实，贫困群众在产业革命中收益更多，农村人均可支配收入增长 10%以上，农业增加值增长 6.8%以上。

（二）"两不愁三保障" 突出问题得到有效解决

义务教育有保障，所有贫困家庭义务教育阶段适龄学生不失学辍学。基本医疗有保障，"三重医疗保障"覆盖所有建档立卡贫困人口，农村居民看得起常见病、慢性病，不因大病、重病影响基本生活。住房安全有保障，所有贫困人口不住危房。饮水安全有保障，所有贫困人口都能喝上放心水。

（三）深度贫困攻坚战取得重大进展

攻坚方案更加精准，攻坚合力更加强大，攻坚责任更加压实，短板问题进一步补齐，更多深度贫困县达到减贫摘帽条件。

（四）"五个专项治理" 成效明显

抓好脱贫攻坚存在问题整改，具体问题全部整改到位，需要持续整改的继续推进，相关制度进一步完善，以问题治理推动工作再上新台阶。

（五）东西部扶贫协作深入推进

组织领导、人才交流、资金使用、产业合作、劳务协作和携手奔小康等重点工作全面有效推进，协作机制不断健全，合作领域不断拓展，综合效益得到充分发挥。

（六）攻坚打法更加精准

有效解决推进产业扶贫不精准、聚焦深度贫困不精准、实施分类帮扶不精准等问题，实现重点区域打法更加精准、重点对象打法更加精准、重点工作打法更加精准。

（七）贫困人口持续大幅减少

2019 年减少农村贫困人口 110 万人以上；有脱贫任务的 19 个非贫困县剩余农村贫困人口全部脱贫；已脱贫摘帽的 33 个县剩余农村贫困人口全部脱贫；今年拟脱贫摘帽的县剩余农村贫困人口全部脱贫。全面完成易地扶贫搬迁 188 万人的搬迁入住任务。

（八）贫困县实现有序退出

坚持实事求是原则，达到贫困县退出条件的应退尽退，确保剩余贫困县和深度贫困县实现有序退出。

三、行动举措

（一）持续推进农村产业革命

1. 产业选择更加精准

按照"按时打赢"要求，实施一批见效快、效益好、带动力强的产业项目，不争论、不折腾、不懈怠，集中资源要素强力推进。落实蔬菜、茶叶、食用菌等12个优势特色产业实施方案。充分发挥生态气候优势，大力发展林下经济、错季产业。紧盯省内外市场，特别是粤港澳大湾区农副产品市场，摸清大宗农产品的数量需求和质量要求，实现500亩以上坝区产业结构调整、基地建设和地方特色优势产业发展有机结合。对产业基础薄弱、区位优势不明显的地区，组织农户到条件较好的地区开展易地产业扶贫。抓好夏秋田间管护，做好防汛抗旱预案，提高田间收获质量，确保稳产、丰产、优产。

2. 组织方式更加有效

因地制宜推广"龙头企业+合作社+农户"组织方式，提高农民组织化程度。紧扣12大产业着力引进一批全国百强农业龙头企业，聚焦对口帮扶省市和重点目标市场加大农业企业引进力度，引导国有平台公司积极参与农村产业革命，鼓励供销社转型发展兴办一批农业龙头企业，鼓励大专院校、科研单位和科技人员领办企业。对愿意创办领办农业龙头企业的基层干部予以大力支持。培育引进农业龙头企业100户以上，争取全省农业产业化省级龙头企业认定突破1000家。大力推广塘约村、大坝村等"村社合一"成功经验，所有村因地制宜建立合作社，所有贫困农户加入合作社。开展"空壳社"专项清理，整合涉农项目、财政资金等支持合作社发展壮大，在 10 个基础条件好的县（市、区）开展农民合作社发展整县试点工作。完善产业扶贫利益联结机制，促进龙头企业、合作社、农民形成紧密相联的产业发展共同体，确保农民稳定获得收益。

3. 配套服务更加完善

加强水、电、路、讯等农业配套基础设施建设。深入实施"万名农业专家服务'三农'行动"，推动省市县三级科技特派员向基层特别是贫困村开展科技服务，实现每个合作社和 500 亩以上坝区技术服务团队全覆盖。对确定的重点产业，力争做到每个产业都有一个专家团队和技术推广服务团队。建立从种植前端到销售末端全流程监管的农业大数据平台，提高农业生产数字化、精准化和智能化水平。认真落实农产品质量安全"四个最严"要求，健全农产品质量安全承诺、生产记录档案、农产品质量标识和"黑名单"等制度。建立健全从基地到餐桌的市场交易、现代物流、冷链运输体系，降低交易成本，减少流通损耗，提高经营效益。

4. 产销衔接更加顺畅

深入研究解决全省大、中、小学对农产品需求和供给各个环节存在的问题，大幅度提升贵州农产品的供给数量。深入研究破解省内农产品需求和供给之间障碍的难题，找准问题症结，采取有力措施，打破原有格局，调整各方利益，切实提高本省农产品在省内市场占有份额。认真研究帮扶省市市场需求特点，有针对性地改进我省农产品的品种和档次，提升竞争力，持续稳定占领省外市场。积极完善电商扶贫服务体系，拓展线上销售市场，培育线上品牌，通过电商销售更多优质农产品。大力培育建设一支农村经纪人队伍，活跃流通市场，拓展销售渠道。

5. 基层党建更加夯实

认真落实村级党组织建设"一任务两要点三清单"，持续优化基层党组织设置，把党组织建在产业链上、合作社上，推动产业相近、地域相邻、资源互补的行政村之间组建联村党组织。鼓励村"两委"班子成员和村集体经济组织、合作经济组织负责人双向进入、交叉任职，把党的政治优势、组织优势转化为产业发展优势。

（二）有效解决"两不愁三保障"突出问题

1. 开展动态筛查

每半年统计贫困人口情况，及时掌握脱贫最新动态，为准确制定攻坚打法提供可靠依据。对返贫人口和漏评人口动态纳入帮扶对象，常态化监测剩余贫困人口在"两不愁三保障"存在的突出问题，确保底数动态调整、精准掌握。教育、卫健、医保、住建、水利、移民等行业部门加大工作指导力度，加强台账管理，细化解决方案，因村、因户、因人制定解决措施，逐村、逐户、逐人按时对账销号。

2. 有效解决义务教育保障突出问题

全面落实"七长"责任制，落实教育精准扶贫学生资助政策，实施辍学学生台账化管理，确保排查出的辍学学生全部复学。贫困地区农村中小学招聘特岗教师不少于5000人，省级以上培训贫困地区农村教师不少于10000人，完成全免费职业教育精准脱贫班面向深度贫困地区招生任务4000人。

3. 有效解决基本医疗保障突出问题

实现所有贫困人口都参加"三重医疗保障"，确保应保尽保、应报尽报。实现全省每个乡镇有一所标准化乡镇卫生院，每个行政村（不含乡镇卫生院所在地）有一所标准化的村卫生室。

4. 有效解决住房安全保障方面问题

倒排工期，抢抓进度，确保质量，年内全面完成剩余台账内农村危房改造任务并同步完成改厨、改厕、改圈，切实解决"人畜混居"问题。整治30.6万户老旧住房透风漏雨。完成挂牌标识和资金兑现工作，对各县农村危房改造和住房保障进行全面验收。

5. 有效解决易地扶贫搬迁突出问题

对上半年未实现全部入住的安置点,加大工作力度,加强督促指导,确保今年全面完成"十三五"188万人的搬迁入住任务。落实好易地扶贫搬迁后续扶持"1+7"文件要求,建立健全基本公共服务、培训和就业服务、文化服务、社区治理、基层党建"五个体系"。

6. 有效解决饮水安全保障突出问题

全面巩固农村饮水安全问题攻坚决战成果,明晰地方政府、行业监管部门、供水单位责任,制定农村饮水工程运行管理、农村集中式供水工程水质检测准则、分散式水质检测监测相关规范性文件,确保工程建得成、管得住、用得好,让贫困群众长久受益。

(三)全力攻克深度贫困堡垒

1. 逐村研究脱贫攻坚方案

重新审核未出列深度贫困村脱贫攻坚方案,凡是不能确保按时打赢的及时调整、重新制定。对贫困发生率30%以上的村,各市州党政一把手全部走到,一个村一个村分析贫困原因,找准脱贫路径;对贫困发生率20%以上的村,各县党政一把手全部走到,逐村研究制定"按时打赢"方案。

2. 层层凝聚强大攻坚合力

及时评估深度贫困地区脱贫攻坚一线指挥员、战斗员的能力作风,对不能确保按时打赢的果断调整。整合"两委一队三个人"和其他帮扶力量,下沉到村到户到人,做到全覆盖。更加突出财政优先保障、金融优先服务,确保扶贫投入与打赢脱贫攻坚战需求相匹配。用好中央和国家机关帮扶资源,抢抓东西部扶贫协作历史机遇,推动帮扶资源向深度贫困地区延伸。引导国有企业、民营企业、社会组织、民主党派助力深度贫困地区脱贫攻坚。

3. 强化攻坚责任制落实

各级党政一把手特别是县级党政主要领导切实当好"施工队长"，亲自包干联系贫困发生率高的村，有效解决存在的突出问题。加大对各级部门帮扶情况的考核力度，考核结果纳入年度目标绩效考核内容，第一书记、驻村干部评议不好、群众反映差的，单位年度目标考核不能评为一等奖。县级统筹建立深度贫困村工作专班，坚持一月一调度，对工作推进慢、攻坚效果不明显的，严格追责问责。乡镇班子弱的，直接予以调整；对不合格的村支书、驻村第一书记坚决予以撤换，驻村第一书记不合格的一并追究派出单位责任。

（四）深入开展"五个专项治理"

1. 突出治理重点

认真落实省委、省政府部署要求，扎实推进帮扶工作不扎实、东西部扶贫协作有差距、资金使用不规范、政策落实不到位、脱贫攻坚打法不精准的新一轮"五个专项治理"，着力解决突出问题，切实提高脱贫质量。

2. 确保治理成效

坚持一体推进抓治理，把考核发现的问题与专项巡视、纪检监察、督查巡查、民生监督、社会监督、审计、信访等发现的问题统筹起来解决。坚持上下联动抓治理，认真查找政策导向、政策设计、政策要求与基层实际不符合的地方，研究调整完善政策，以政策的精准促进工作的精准。8月份对治理效果进行"回头看"，对整改不到位、弄虚作假的严肃问责。

（五）抢抓帮扶协作重大机遇

1. 加强精准对接

8个受帮扶市州和每个受帮扶县都要制定具体的东西部扶贫协作工作方案，省有关部门对各市州、县的方案实施情况进行检查评估。所有受帮扶县都要成立东西部扶贫协作工作专班，项目化、清单化推进实施。要精准对接需求，主动提出产业、人才、市场、资金、劳务协作等方面的需求清单，找准突破口和契合点，力争获得帮扶城市更多支持。

2. 加强产业合作

利用 500 亩以上坝区，与东部帮扶城市农业生产企业、物流企业、电商企业共建农产品直供基地，争取每个对口帮扶城市在帮扶地整体发展 1-2 个优势特色产业，把我省建设成为粤港澳大湾区和东部帮扶省市"菜篮子"供应基地。继续面向帮扶省市实施航班补贴、门票优惠、高速公路收费优惠等旅游特惠政策。

3. 加强教育医疗帮扶

开展结对帮扶学校医院"回头看"，全面了解"5+2""2+3+N"建设情况，及时查漏补缺、取得实效。动员东部帮扶城市机关、企业、学校、医院等帮扶资源参与我省脱贫攻坚，力争东部帮扶城市与我省贫困县中小学和乡镇卫生院结对帮扶全覆盖。深化"组团式"帮扶内涵，每个贫困县选择一所学校和医院开展"组团式"帮扶试点工作。

4. 加强劳务协作

充分发挥我省在东部地区 145 个劳务协作站作用，扎实开展易地就业扶贫，着力提高劳务输出组织化程度，提升就业质量和稳定性。加强贫困家庭"两后生"职业技能培训，瞄准东部市场需求较大的家政、护工、月嫂等岗位开展订单培训，促进贫困劳动力稳定就业。

5. 加强资金管理

引导东部帮扶资金向深度贫困地区倾斜，向易地扶贫搬迁安置点学校、医院建设倾斜，严禁用在与脱贫攻坚无关的项目上。

(六) 务求脱贫攻坚打法精准

1. 紧扣深度贫困务求打法精准

认真落实"四个聚焦"决策部署，统筹整合各方资源猛攻深度贫困地区。对贫困发生率高于 10% 的乡镇和村开展定点监测，及时采取超常规措施加以解决。加大贫困程度深的乡村干部履职情况督查力度，乡镇党委书记必须全面准确掌握所辖行政村的脱贫工作情况，村级党组织书记必须对本村贫困户的贫困状况、致贫原因、脱贫措施精准了解到户到人。加强对脱贫攻坚任务较重的乡镇班子和村支两委、第一书记、驻村工作队考核评估，对不适应工作的及时调整，确保最强的队伍攻坚最硬的堡垒。

2. 紧扣扶贫对象务求打法精准

对剩余贫困人口，全力解决"两不愁三保障"突出问题，严格脱贫标准和质量，确保完成全年脱贫目标任务，确保已摘帽县和非贫困县剩余贫困人口全部脱贫。对已脱贫人口，坚持摘帽不摘责任、摘帽不摘政策、摘帽不摘帮扶、摘帽不摘监管。对于因灾、因病、因学等造成的返贫人口，及时纳入建档立卡开展帮扶。对于非贫困人口中大病户、残疾人户、无劳动力户做好预警监测，做到应纳尽纳、应扶尽扶。

3. 紧扣产业扶贫务求打法精准

精准选择脱贫产业，以500亩大坝为重点规模化推进，有效解决产业发展小、散、弱等问题。精准建立产业扶贫组织方式，全面推广"公司+合作社+农户"等模式，有效解决农产品生产组织化程度低等问题。精准抓好农产品产销衔接，进一步拓展省内外市场，有效解决农业信息化、市场化程度低等问题。精准规范利益联结机制，明确贫困群众在产业链、利益链中的环节和份额，明确企业、合作社、能人大户等根据受益程度履行带贫益贫责任，有效解决"一发了之""一股了之""一分了之"等问题。

四、行动保障

（一）坚持尽锐出战

坚持五级书记一起抓，行业部门聚焦抓，帮扶干部真帮实干，东部帮扶力量、中央单位定点扶贫力量、社会力量协同作战，激发贫困群众强大内生动力，全方位、多角度凝聚脱贫攻坚磅礴力量。推动人力、物力、财力更加聚焦脱贫攻坚战场，凡是精锐部队没有派上去的必须尽快调整加强。坚持尽力而为、量力而行，紧扣脱贫攻坚底线需求，与脱贫攻坚无关的项目，暂时缓一缓、放一放，确保主战场弹药充足。

（二）保持攻坚态势

坚决克服攻坚懈怠思想，做到目标不变、靶心不散、频道不换，避免撤摊子、甩包袱、歇歇脚，不获全胜决不收兵。坚决杜绝攻坚畏难情绪，结合"不忘初心、牢记使命"主题教育，注重理想信念教育和攻坚能力培训，不断提升干部能力和水平，坚定必胜信心和决心。坚决纠正侥幸心理，以认真态度抓具体抓深入，脚踏实地、真抓实干保证脱贫攻坚质量。

（三）深入调查研究

把调查研究作为解决问题的前提基础和科学决策的重要依据，围绕贯彻落实习近平总书记关于扶贫工作的重要指示批示、省委省政府决策部署、脱贫攻坚目标标准、"夏秋决战"中发现的问题和困难，深入贫困县、乡、村、户调研，到条件艰苦、情况复杂、问题突出的地方调研。多开展随机性暗访调研，不事先打招呼，不预设线路，深入一线发现问题，掌握第一手材料，通过调研切实解决 1-2 个突出问题。善于在调研中发现先进典型，及时总结推广基层创造的新经验新做法。

（四）加强总结宣传

各地各部门及时总结工作进展情况，注重发现挖掘特别是基层一线干部群众中的典型人物和经验。充分发挥主流媒体和新兴媒体作用，宣传"夏秋决战"的目标任务及取得成效，持续向外发出脱贫攻坚好声音。结合庆祝新中国成立 70 周年、10 月 17 日全国扶贫日等活动，选树一批坚守初心使命、勇于担当作为、群众满意认可的先进典型，广泛开展学身边先进典型活动，不断凝聚脱贫攻坚正能量。

中共贵州省委

贵州省人民政府

2019 年 7 月 9 日